SOMMAIRE

Ce numéro comporte deux encarts libres :

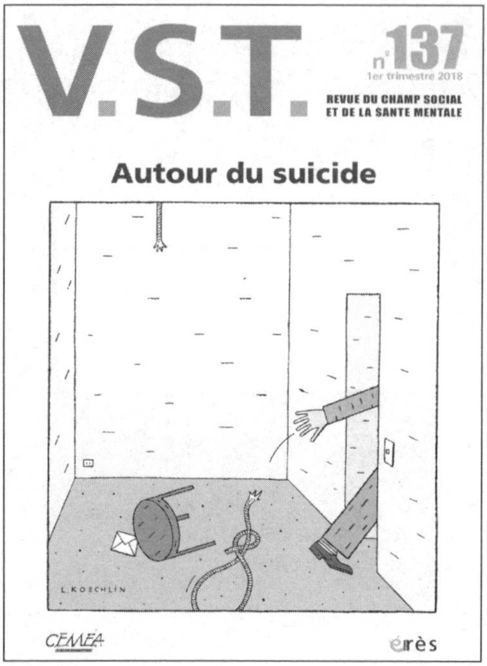

REVUE DU CHAMP SOCIAL
ET DE LA SANTÉ MENTALE
59e ANNÉE. TRIMESTRIEL
Mars 2018
LE NUMÉRO 16 €

Vie Sociale et Traitements
La revue VST a été créée en 1954 par le Dr Georges Daumézon et Germaine Le Guillant.

Illustration de couverture : *Lionel Koechlin.*
Illustrations intérieures : *Daniel Maja, Rita Mercedes.*
Direction artistique : *Béatrice Jean, Vincent Pachès, Roman Cieslewicz (†).*

Publicité : *S'adresser à la revue.*

Administration :
VST – Ceméa publications
24, rue Marc-Séguin - 75883 Paris Cedex 18
Tél. 01 53 26 24 41
E-mail : publications@cemea.asso.fr
Internet : www.cemea.asso.fr/vst
Éditions érès
33, avenue Marcel-Dassault
31500 Toulouse
Tél. : 05 61 75 15 76 - Fax : 05 61 73 52 89
E-mail : eres@editions-eres.com
Internet : www.editions-eres.com

Abonnement :
CRM ART – Éditions érès
CS 15245 - F 31152 Fenouillet Cedex
commandes.eres@crm-art.fr
Tél. : + 33 (0) 5 61 74 92 59
Fax : + 33 (0) 5 17 47 52 67
Possibilité de s'abonner en ligne :
www.editions-eres.com

Directeur-gérant de la publication :
Jean-Luc Cazaillon

Directeur de la publication :
Christian Gautellier

Rédacteur en chef :
François Chobeaux

PROCHAINS NUMÉROS

Être éducateur aujourd'hui. Hommage à Jacques Ladsous
n° 138, mai 2018

Le maintien à domicile : à quel prix ?
n° 139, septembre 2018

Ces groupes qui aident
n° 140, novembre 2018

Heureux au travail ?
n° 141, février 2019

Commission paritaire n° 0322 G 81415
ISSN : 0396-8669

33, avenue Marcel-Dassault, 31500 Toulouse
www.editions-eres.com

Impression : France Quercy, 46090 Mercuès
Imprimé en France

Bientôt la fin de l'hiver : réouverture de la chasse aux squats et aux « campements » !

Comme chaque année, la trêve hivernale a suspendu les expulsions, avec pour la première fois une extension de cette protection aux personnes qui vivent dans des campements, dans des squats, grâce à la récente loi Égalité et citoyenneté. Mais le 1er avril, cachez ces campements que je ne saurais voir !

Personne ne choisit de vivre dans la grande précarité, ni dans l'insalubrité. Ne parlons pas ici des squats dits artistiques, alternatifs, espaces particuliers tolérés, souvent conventionnés avec la puissance publique. Parlons des habitats humains produits par la misère, l'exclusion, le rejet. Squats de toxicos, squats de jeunes SDF sans solutions publiques correctes d'accueil, squats et campements de migrants majeurs et mineurs aux statuts incertains, bidonvilles de Roms parce qu'on ne reconnaît pas leurs droits de citoyens de l'Europe…

Les squats, les campements sont la réponse par le bas à des solutions qui n'existent pas, pas assez, pas comme il faudrait, par le haut. Les dispositifs d'hébergement d'urgence (les Centres d'hébergement d'urgence – CHU) et les dispositifs d'hébergement liés à l'accompagnement en insertion (les CHRS) sont saturés. Qui plus est, nombre de CHU et de CHRS fonctionnent encore aujourd'hui comme des repoussoirs vis-à-vis des jeunes, des personnes accompagnées de chiens, des usagers de produits psychoactifs. Et la porte des CHRS se ferme aux demandeurs d'asile en attente d'une improbable régularisation.

En France, il n'y a pas assez de logements à faibles loyers pour loger à bas coût les personnes ayant peu de ressources. Le parc social est centré sur les logements intermédiaires, occupés par les Français médians. Et comme la vie tape fort, et comme la France est un pays de refuge légitime pour les victimes de ce que deviennent les pays du Sud, c'est la crise des places, des lits, à tous les étages et pour tous.

Que fait l'État ? Il ne fait pas rien. La Délégation interministérielle à l'accès au logement et à l'hébergement (DIHAL) prévoit en 2018 un grand plan « Un chez-soi d'abord ». D'abord on héberge, ensuite on parle de projet et de parcours. Mais avec quels logements ? La Direction générale de la cohésion sociale du ministère des Solidarités et de la Santé se préoccupe des « sorties sèches » de foyers à 18 ans, avec la rue comme seule perspective. Mais quel est le pouvoir de l'État depuis la départementalisation de l'action sociale ? Que deviennent dans les faits la loi DALO (Droit au logement opposable) ? Et la loi Alur ? Comment réorienter à court terme les choix des bailleurs sociaux ?

Pendant ce temps, des citoyens se mobilisent, soutiennent, protègent, accueillent. Mais dans le même temps, des propriétaires vendent à la découpe, des marchands de sommeil font fortune, Airbnb produit l'argent de poche – défiscalisable – de certains, et des habitants plus qu'aisés d'un arrondissement parisien particulièrement luxueux se mobilisent contre l'ouverture d'un centre d'accueil.

Politique de l'accueil, politique du logement, politique de l'insertion, tout est à reprendre. On pourrait dire la même chose des politiques de la jeunesse, au moins de celles qui concernent les 15 % des jeunes pour qui le quotidien et l'avenir sont faits d'échecs et de vide. 15 % des âgés de 16 à 25 ans : environ 1,5 millions. Une broutille !

Alors plutôt que de laisser faire la chasse à ce que l'on ne veut pas voir sans chercher à comprendre d'où cela vient, poursuivons, professionnels et militants bénévoles, l'accompagnement social des squats et des campements. Poursuivons le travail collectif de valorisation des compétences de leurs habitants, et interpellons la nécessaire intervention publique qui doit les rendre humainement supportables (eau potable, toilettes, électricité) ! Et évidemment, vive une politique publique, nationale, diversifiée, de l'hébergement et du logement à la hauteur des besoins !

FRANÇOIS CHOBEAUX,
AVEC LES COMPLÉMENTS DE NAHIMA LAIEB ET ANNE-MARIE LEYRELOUP

Vers la destruction du métier de soignant en psychiatrie ?

SERGE KLOPP
Infirmier de secteur psychiatrique, cadre infirmier, en retraite.

J'ai eu la chance de faire partie de cette génération d'ISP (Infirmiers de secteur psychiatrique) qui a inventé son métier. Je suis entré en psychiatrie en 1978. C'était une époque d'intenses débats et où l'on était persuadés qu'on allait tout changer, y compris en psychiatrie. Ces débats théoriques et politiques, nous les menions en cours avec les moniteurs du centre de formation, en stage avec les infirmiers et les psychiatres.

La formation d'ISP, avant le diplôme unique de 1992, ne comprenait pas seulement plus de psychopathologie qu'aujourd'hui, mais nous inculquait une culture du sens et de l'engagement dans la clinique du sujet. Si, après l'obtention du diplôme, nous étions dorénavant autorisés à exercer le métier d'infirmier, on nous a expliqué que notre métier nous ne l'apprendrions vraiment que tout au long de notre carrière, à condition de faire l'effort de continuer à lire, se former, s'interroger.

Tout au long de ma carrière d'infirmier, puis de cadre soignant, j'ai pu explorer et défricher de nouveaux territoires, dont celui de la psychothérapie. Psychothérapie qui même pour les isp nous semblait interdite, chasse gardée des psychologues et des psychiatres. C'est pourtant déjà sur cette question que le groupe de Sèvres s'était disputé à la fin des années 1950. J'ai également pu inventer et animer une structure d'accueil pour adolescents.

Attention, tous les infirmiers de secteur psychiatrique n'ont pas eu ce parcours. Nombreux sont ceux qui se sont contentés de faire leur travail, sans se poser plus de question. Mais, dans les années 1980 et 1990, la minorité engagée a réussi à faire évoluer la psychiatrie. Nous espérions même faire disparaître les chambres d'isolement. Ce fut possible parce que nous étions très engagés. Nous nous définissions d'ailleurs comme des militants de la psychiatrie. Lorsque je me heurtais à un obstacle (opposition du médecin-chef, des collègues, blocages de l'administration,...), je n'ai jamais renoncé, mais en ayant conscience que si je voulais y arriver, il me fallait à la fois travailler pour me doter d'une argumentation théorique solide et ne pas rester isolé. C'est ainsi que je me suis engagé d'abord dans l'association scientifique Paris Maison Blanche, pour m'appuyer sur des alliés dans l'hôpital de Maison Blanche où j'exerçais à l'époque, puis dans les réseaux de la psychothérapie institutionnelle. Je m'y suis

nourri et formé tout au long d'échanges riches que j'y ai eus. Ces engagements se nourrissent de mon engagement politique et syndical, et réciproquement.
Je me rends compte qu'aujourd'hui un tel parcours paraît non seulement impossible, dans la culture infirmière actuelle, mais ne fait même pas envie. Pourquoi ?
Nous subissons depuis les années 1980 et la « génération Mitterrand », qui prônait l'individualisme et le désengagement collectif, une intense campagne idéologique visant la réification des individus au travers d'une « culture » de l'hédonisme, où tout serait acquis, où la moindre frustration devient intolérable et source d'angoisse. Cette culture de l'hédonisme est doublée aujourd'hui d'un dressage comportemental qui commence dès la petite enfance avec les écrans. Alors que l'on s'émerveille des capacités des enfants à utiliser ces outils, considérant que c'est un signe d'intelligence, il ne s'agit en fait que de l'acquisition d'une technicité opératoire développant plutôt « l'abrutissement ». Il n'y a plus d'espace pour l'imaginaire. D'où non seulement l'incapacité de certains enfants à jouer, mais surtout le fait que ces situations de jeu où c'est eux qui doivent inventer l'histoire les mettent dans une situation d'angoisse terrible. Révélant une atrophie de l'imaginaire entraînant un handicap de la relation sociale.
Dans notre société de consommation des loisirs, la vie ce serait le divertissement. Le travail n'aurait d'autre objet que de permettre de se payer ces loisirs, qui au final coûtent cher. Le travail ne saurait en aucun cas être source de satisfaction.
Dans la santé et en psychiatrie, cette réification est nourrie de manière particulière. D'abord, on fait croire aux nouveaux diplômés que puisqu'ils ont obtenu leur diplôme, ils connaissent leur métier, et n'ont plus besoin de se prendre la tête pour l'apprendre. Les anciens étant pour la plupart dans les structures ambulatoires, les nouveaux diplômés sont essentiellement affectés dans les UHTP (Unités d'hospitalisation temps plein) et se retrouvent entre eux. C'est de ceux-là que je vais parler.
Lorsqu'ils se trouvent à travailler avec un infirmier de ma génération, qui leur conseille d'aborder ce patient plutôt de telle manière, ou qui essaie d'expliquer que si le patient crie et insulte, c'est le symptôme de la maladie et de son angoisse et qu'il ne faut pas le prendre au pied de la lettre, ils refusent toute transmission. Et répondent souvent : « Je connais mon travail, je sais ce que j'ai à faire ! », « Je ne suis pas là pour me faire emmerder et insulter par les malades ! ». Si un ISP se retrouve en uhtp, cela peut aller jusqu'à son isolement au sein de l'équipe parce que c'est lui qui ne sait pas et fait n'importe quoi avec les patients.
Dans leur formation, l'étude de la psychopathologie et de la théorie psychanalytique est réduite à sa plus simple expression. Ils sont démunis face à la folie qui redevient insensée. Si on ne comprend pas celui qu'on est censé soigner, on va se focaliser sur le symptôme qu'il faut éradiquer. Et là on glisse d'une fonction où il s'agissait de soigner un sujet à une fonction où il est question de traiter des symptômes ou des troubles.
Pourtant, ils sont tous là parce qu'ils veulent exercer un métier relationnel au service des autres ! Mais dans la culture totalement imprégnée de l'idéologie dominante qu'ils se fabriquent dans les IFSI, puis dans les équipes d'hospitalisation, la relation est en surplomb. « Le malade c'est lui. Moi je suis normal. Inutile que je fasse un travail sur moi pour comprendre l'autre. »
Ça existait déjà il y a quarante ans. Mais ça croise un autre phénomène qui devient de plus en plus prégnant, dans notre civilisation de la connexion et de l'interconnexion.

C'est la difficulté de se confronter à l'autre. À se mettre à sa place, surtout s'il ne rentre pas dans les cases. Dans ces cas, l'autre est vécu comme un perturbateur. Et de perturbateur à agresseur, il n'y a plus de nuance. Si l'on est agressé, l'on est tout de suite entraîné dans le rapport de force. C'est terriblement bien illustré dans le film de Ken Loach *Moi Daniel Blake* (2016).

Cela joue également dans les rapports au sein de l'équipe. Parce que si la loi du groupe joue à fond, dans le même temps, il n'y a plus aucune solidarité au sein du groupe. Chacun travaille dans son coin, en ayant le sentiment d'être le seul à faire correctement son travail, et passe son temps à dénigrer le travail des autres.

Puisque les soignants savent ce qui est bon pour le patient, celui-ci doit faire ce qu'on lui dit. Si le patient est récalcitrant, il est normal qu'on le recadre et que, s'il persiste, on l'enferme.

Ils ne sont pas engagés dans la relation, ils n'ont même pas conscience que le transfert ça existe et que ça les agit. Quoique. N'est-ce pas pour éviter d'être malgré tout pris dans une relation transférentielle qu'ils ont adopté une stratégie du nomadisme ? Ils changent de service tous les deux-trois ans, alors qu'on nous disait lorsque nous arrivions dans une unité que le soin relationnel se construisait sur la durée et que certains patients allaient partager notre vie tout au long de notre carrière.

Ils n'imaginent même pas qu'ils puissent être détenteurs d'une capacité psychothérapique. Ce qui est valorisé comme thérapeutique aujourd'hui, c'est éventuellement l'entretien médical, en tout cas ce n'est certainement pas la relation singulière de ce soignant avec ce patient. Ce qui soigne de manière certaine, ce sont les médicaments ! Du coup, les soignants sont devenus interchangeables.

Tous ces phénomènes sont renforcés institutionnellement par la logique sécuritaire et par la démarche qualité.

La sécurité, c'est l'absence de sentiment de danger, ce qui permet au sujet de s'engager dans le travail et de prendre des risques. A contrario, le sécuritaire est fondé sur le présupposé que nous serions tous et constamment en danger. Pour se mettre en œuvre sur la durée, il nécessite d'entretenir le sentiment de danger. Il est donc antinomique avec la recherche de sécurité. Le sécuritaire est particulièrement entretenu par les formations à la gestion de la violence, qui sont quasiment obligatoires pour tous les jeunes diplômés, et par l'obligation de porter le bip PTI (Protection du travailleur isolé)

Il y a quarante ans, on ne nous parlait pas de violence. Mais on nous expliquait : « Quand l'angoisse d'un patient commence à monter, si tu ne l'apaises pas tout de suite, une heure plus tard tu risques de te prendre une baffe. Mais ce sera parce que tu n'auras pas fait correctement ton boulot ! »

Aujourd'hui, si on est face à un patient qui monte, on ne fait plus appel à la capacité du soignant à apaiser cette angoisse (ce qui peut prendre du temps), on déclenche le pti et dans les instants qui suivent les collègues sont là pour établir le rapport de force. Ça finit généralement en chambre d'isolement et pour peu qu'il se débatte, le patient est contentionné !

Pour les soignants, ça finit souvent en accident du travail !

La peur des soignants devient un élément permanent des lieux de soins. Ce qui a pour effet de potentialiser l'angoisse des patients. D'où cette explosion des mises en chambre d'isolement et du recours à la contention que tout le monde ne peut que constater.

Jean-Claude Pénochet, lorsqu'il était encore président du Syndicat des psychiatres des hôpitaux, disait : « Quand une équipe a peur, il est certain que le médecin va prescrire des contentions. » Ajoutant : « La contention est un indicateur de la bonne ou de la mauvaise santé de la psychiatrie. Plus la psychiatrie va mal, plus la contention sera utilisée. Aujourd'hui, la psychiatrie va très mal ! »

Mais comment se fait-il que ces collègues n'aient pas conscience que ce n'est pas ça soigner ? C'est parce qu'ils font ce que prescrivent la « démarche qualité » et la certification. La qualité du soin ne se mesure plus à l'effet sur le sujet, mais à la manière dont on a appliqué le protocole. Le soignant, de l'aide-soignant au psychiatre, n'est plus que l'opérateur des protocoles établis par la « cellule qualité ». Il est totalement enfermé dans les réponses prédéfinies d'arbres décisionnels de plus en plus étroits. Il est dépossédé de son métier !

Dans cette conception de la psychiatrie, patients comme soignants sont totalement réifiés.

Au travers de cet exemple de la psychiatrie, c'est toute une conception de l'homme dans notre société qui est en cause. Nous vivons une révolution anthropologique visant à fabriquer l'Homme réifié, qui n'ait plus la capacité de se penser ni de penser sa place dans le monde, et donc incapable de peser sur la réalité et de la transformer.

Cela se mesure sur le terrain des luttes sociales, où la victimisation tend à remplacer la revendication. Où l'arrêt de travail n'est plus le résultat d'un appel à la grève, mais d'un certificat médical. Regardons la lutte des Uber, en tout cas ceux que j'ai entendus dans les médias. Ils ne luttent pas pour obtenir les mêmes conditions de travail et de rémunération que les taxis, mais ils luttent pour que se réalise le rêve qu'on leur a vendu, à savoir qu'ils gagneront beaucoup en travaillant peu !

Cela ne signifie pas qu'il ne faut pas les soutenir, mais que nous avons un gros effort d'ouverture et de créativité à faire pour construire du commun et empêcher cette révolution anthropologique ! Et que nous aurons, tous ensemble, la force de briser les chaînes de notre servitude volontaire.

Pour conclure, je citerai mon ami Roger Ferreri : « C'est pas parce que c'est pire qu'avant, qu'avant c'était mieux ! »

Le chantier de Milin ar Vaou

CAROLINE PETIT
Éducatrice spécialisée au CCAS de Lannion.

C'est en 2010, lors de l'expulsion d'un squat de jeunes en errance, que s'est faite la première rencontre entre Kévin, bûcheron et membre de l'association La tribu de Tachenn, et Caroline, éducatrice spécialisée au CCAS de Lannion.

Depuis, nous avons continué nos rencontres et nos échanges plus ou moins informels avec des jeunes en errance rencontrés en ville, en rupture avec leur environnement familial et social originel.

Suite à ces rencontres, rythmées par des échanges autour de leur désir de vie, nous avons compris que l'errance est une notion intrinsèque à leur fonctionnement. Qu'elle soit géographique ou psychologique, nous constatons que leur principale difficulté est de conserver des liens. Il y a aussi un point commun dynamique, constructif, le souhait d'une vie nomade, marginale, par exemple en camion.

Pour trouver une réponse pour ces jeunes, notre objectif a été de créer un lieu et des moments transitoires entre le lent apprentissage de la vie de rue et d'errance ponctué par la manche, la prise de toxiques, les rencontres de personnes entretenant des problématiques similaires, et des temps de formation, d'échange, de rupture, sans substances addictives. Kévin, membre de La tribu de Tachenn, une association locale qui souhaite développer l'articulation entre art, culture et nature, nous avait déjà fait part d'un projet de réhabilitation d'une petite vallée proche, Milin ar Vaou, dans une logique de chantier utilisé comme moyen d'intégration. L'occasion était là car nous souhaitions trouver une activité saine en dehors du centre ville, qui nous permettrait à tous d'observer la pertinence d'une telle action.

Nous avons alors lancé ce projet avec quelques jeunes de la rue. L'expérience a débuté avec une moyenne de sept jeunes régulièrement présents durant une semaine, en juillet 2013. Nous en avons tiré les constats suivants :

– chacun a pu s'investir et se projeter sur le lieu ;

– un surinvestissement bénéfique des activités physiques comme exutoire face à un manque ;

– la difficulté pour certains de rester inactifs, sans occupation concrète qui occupe autant le corps que l'esprit ;

– l'effet du cadre, de l'activité et le fait d'être ensemble qui aident à diminuer la consommation de toxiques.

Forts de cette première expérience, chacun a souhaité que la réhabilitation de cette vallée riche en patrimoine, où beaucoup de personnes se croisent sans se connaître (riverains, agriculteurs, coureurs, promeneurs, pêcheurs, gens du voyage, usagers de la déchetterie proche...), puisse servir de support de vie à ces jeunes.

Une action pour les jeunes en suspension

Depuis le mois de janvier 2007, le CCAS de Lannion s'est doté d'un poste d'éducateur spécialisé pour intervenir auprès d'un public jeune qui se trouve dans une situation de précarité momentanée. Ces jeunes marginaux, dits « de la rue », « punks à chiens », « jeunes en errance », en « suspension »..., sont régulièrement présents en ville où ils squattent des lieux inhabités ou désaffectés. Ils ont moins de 25 ans, n'ont pas de ressources fixes ni de logement, et ne peuvent pas compter sur la présence stable de leur famille ou d'un ami.

Ce début de l'errance les conduit le plus souvent vers une réflexion de vie, des questionnements personnels, une rébellion face au système, un besoin d'appartenance à un groupe reconnu de routards en camion, à un rejet des services sociaux et institutionnels... Ils viennent nous interpeller après un laps de temps passé dans les rues de Lannion, qui peut osciller entre six mois et un an, avec des mouvements migratoires vers d'autres sites. Lorsque nous pouvons penser à démarrer avec eux des démarches d'insertion, nous nous rendons bien compte que les dispositifs en place dans le département ne sont pas en adéquation avec leurs objectifs de vie.

Les mois qui suivent l'entrée en errance deviennent le temps où le jeune va s'installer dans la rue en cumulant les hospitalisations d'urgence, les faits préjudiciables sur la voie publique, et la marginalisation intense avec usage de drogues, alcool, malnutrition, problèmes d'hygiène, pathologies addictives.... Alors les liens éducatifs et institutionnels mis en place se délitent et nous perdons le bénéfice des premières rencontres.

Parallèlement, les riverains et les commerçants du centre ville se plaignent de la présence de ces jeunes avec leurs chiens. On nous reproche régulièrement de ne rien faire et de laisser ces sdf dans la rue. Afin de pallier pour partie ce vide institutionnel et pour tenter de répondre à la demande immédiate de la population, nous avons développé ce projet afin d'avoir un lieu et un dispositif de travail « hors cadre », transitoires, pour accueillir, accompagner et démarrer des démarches d'insertion avec ces jeunes, qui soient préparatoires au passage vers les dispositifs sociaux de droit commun. Au-delà du projet technique de réhabilitation de la vallée, il s'agit de créer un espace qui leur ressemble et qui leur donnera l'occasion de se poser, d'arrêter de se concentrer sur leur survie pour se relever.

Le chantier permanent

La vallée de Milin ar Vaou, espace naturel périphérique, à l'abandon, pouvait donc être remise en état puis entretenue régulièrement. L'objectif technique est de réouvrir cette vallée non entretenue depuis une génération en nettoyant les sentiers pédestres et les chemins de débardage. Dans un second temps, le travail le plus long est d'éclaircir et d'élaguer la forêt afin de dynamiser les populations d'arbres en laissant de nouveau la lumière pénétrer ce lieu. Le projet d'amorce d'insertion est basé sur les pratiques professionnelles de la sylviculture, avec en même temps une réponse, une contrepartie adaptée aux souhaits de vie nomade des jeunes par le financement de la préparation du permis de conduire. Le chantier est également l'occasion et le prétexte d'une vie partagée, avec la préparation collective des repas.

Les objectifs d'insertion sociale sont définis : mise à jour des documents administratifs (carte d'identité, CMU, avis d'imposition) et procédures d'accès aux droits sociaux ; construction de liens en dehors du groupe ; rapport au temps ; notion d'engagement ; valorisation par le financement de l'accès au permis de conduire.
Une convention pour le nettoyage de la vallée est alors passée entre la ville de Lannion et l'association. Nous commençons en 2013 par un chantier d'une semaine sur une parcelle, avec un co-encadrement par un bûcheron professionnel et une éducatrice spécialisée. Sept jeunes s'engagent à plein temps dans le projet : débroussaillage des abords du lit du ruisseau, élagage de branches gênantes et évacuation de chablis (arbres tombés), collecte des déchets dans le ruisseau et les berges, transport et tri des déchets à la déchetterie, tout cela, volontairement, avec uniquement des outils à main non mécaniques.
Cette semaine a aussi offert un lieu d'échange et de partage autour de la cuisine participative : le choix des menus en commun, les courses en commun au marché biologique, la préparation des repas au feu de bois. Ces repas étaient gratuits pour les jeunes car ils ne pouvaient pas faire la manche pour se nourrir.
À l'issue de la semaine, les sept jeunes ont souhaité renouveler l'expérience et maintenir la suite de l'action. Nous avons continué avec des chantiers de huit semaines par an, en répartissant ces semaines dans l'année pour que les jeunes puissent avoir un aperçu global de tous les travaux saisonniers à faire dans un espace naturel et qu'ils puissent se projeter dans le temps. Pour que la formation soit sécurisée et personnalisée, nous décidons d'accueillir un groupe de quatre jeunes, car aujourd'hui nous les formons également avec des outils motorisés (tronçonneuses, débroussailleuses, broyeur…)

Une passerelle, puis un kiosque, et la vente de bois

Brian, compagnon charpentier, rejoint le projet en 2016. Il cherche à revenir aux bases du métier, aux savoir-faire anciens, aux outils non mécaniques. Il apporte sa technicité, le chantier lui offre un espace de développement de ses idées. En deux semaines, avec du bois issu de la vallée, nous construisons une passerelle à l'entrée du site. Depuis nous parlons de débardage à cheval, d'engins de levage sans moteur, et l'articulation entre les besoins de bois à charpente et la sélection des arbres de la forêt avance.
L'intérêt apporté au travail de charpente donne une idée pour 2017 : construire à la main un kiosque avec le bois de la forêt. C'est fait : le kiosque va être installé fin octobre 2017 dans un des parcs de Lannion où il sera inauguré festivement et très officiellement.
Et puis déboiser, nettoyer, cela donne du bois de chauffage maintenant vendu à qui en veut. Les produits vont au fonctionnement du projet, et à la préparation des permis de conduire.

Ce que disent les jeunes

Ils parlent surtout du plaisir direct d'être bien dans la forêt, et de voir avancer concrètement la construction du kiosque. Chacun est très concentré sur la pièce de bois qu'il a à travailler. Leur relation avec Brian est claire : il les responsabilise beaucoup sans prendre en compte leur histoire, leur degré de compréhension, et ça marche !
Tous disent qu'ils ont enfin un lieu où ils ont trouvé leur place dans le groupe, où ils

peuvent s'exprimer sur leurs souhaits de vie sans que l'on détourne leur demande.
Ils ont été très flattés quand une collègue du CCAS qui accueille des femmes victimes de violences conjugales a orienté ces personnes vers nous pour venir cuisiner et participer aux activités, afin de pouvoir penser temporairement à autre chose. Ces femmes se sentent bien, respectées et valorisées sur le chantier. Elles le disent et reviennent, ce qui a créé une réelle vague d'émotion chez les garçons et une grande fierté.

Les répercussions directes

Brian fait aujourd'hui partie intégrante de l'équipe, ce qui nous permet de multiplier les semaines sur l'année, de valoriser autrement le bois de coupe de la vallée, d'accueillir un plus grand nombre de jeunes et d'être intégrés au paysage lannionais (nous sommes retenus pour aménager les parcs de la ville). Nous pouvons aussi mélanger les jeunes de la rue (jeunes des squats, sans papiers…).
L'univers des charpentiers et des bûcherons est solidaire, ce qui ouvre à des rencontres, des échanges, de la reconnaissance, des mises en stage et des emplois ponctuels sur des petits chantiers. Du coup, on remarque une diminution naturelle des prises de toxiques, des sorties festives et un engouement pour l'école de conduite. Tout cela sans grand discours éducatif préformé…

Résumé

La présentation d'un chantier permanent de travaux forestiers et de charpente conduit avec des jeunes en errance. La démarche est détaillée, et les effets identifiables sont évoqués.

Mots-clés

Jeunes en errance, chantier d'insertion, travaux forestiers.

DOSSIER

AUTOUR DU SUICIDE

Le suicide, ce fait social total, disait Durkheim il y a cent ans.
Ce dossier tourne autour de l'acte, qu'il soit réussi ou raté, quel que soit le point de vue d'où on le regarde. Comment comprendre le suicide ? En croisant les sciences humaines, les sciences sociales et la philosophie. Nous nous y essayons.
Mais le suicide n'est pas qu'affaire de rationalités extérieures. Tout le monde connaît un suicidant, et beaucoup d'entre nous se sont interrogés après un acte de suicide dans leur environnement relationnel, familial. Qu'est-ce que cela déclenche chez chacun ? Que nous disent ces suicidants ? Que vivent-ils eux-mêmes quand ils peuvent le dire, après, devenus des « revenants » ?
Se pose aussi la question de la prévention. Peut-on prévenir un fait total ?
Un dossier professionnel, qui appelle le lecteur à penser sa propre expérience, sa propre histoire.

Dossier coordonné par Robert Bastien et Monique Besse

14 Introduction

FRANÇOIS CHOBEAUX

1897, 2018 : il y a 110 ans, Durkheim montrait magistralement que le suicide n'est pas un fait individuel, non prévisible, irrationnel, mais bien un fait social total. Et pourtant, depuis, que de positions divergentes, exclusives les unes des autres, pour venir expliquer, justifier, comprendre, parfois interdire le suicide !

Il y a les approches, les légitimations philosophiques, anthropologiques : la liberté de soi pouvant aller jusqu'à la liberté de la suppression lucide de soi. Socrate… Ce débat est aujourd'hui actualisé par celui du droit à choisir sa fin, sa mort, individu souffrant contre morale dominante et pouvoir médical. À qui appartient l'individu ? À lui-même ? À sa collectivité ? À l'esprit supérieur qui l'a créé ? Peut-on faire ce qui ne peut pas être une règle universelle, demandait Kant. Réglons rapidement l'illusion de l'autonomie radicale, individu sans social, et celle de la surdétermination divine. Peut-il alors exister un suicide laïc et citoyen, aboutissement misanthropique sans comptes à rendre à une société qui ne le mérite pas, ou décision individuelle non négociable ? Position paranoïaque, ou débat intellectuel de fond ? Ou les deux…

Il y a les suicides de l'abandon ou de la fuite de soi, seule issue alors entrevue pour ne plus souffrir. Nos maîtres en psychopathologie parlaient de raptus anxieux, quand la solution qui s'installe dans la pensée envahit toute rationalité. Perte d'amour, perte d'objet, perte de l'image de soi, alors d'un coup ce n'est plus vivable et on veut tout arrêter. Cela fait penser aux trois strates de l'entrée en toxicomanie proposées dans le temps par Claude Olievenstein[1] : une structure psychologique particulière, un contexte, un moment de fragilité, et la présence d'un produit. Ce qui fait réfléchir sur la structure psychologique : y aurait-il des profils psy de suicidants potentiels ? Structure dépressive, enfermement dans des idéaux, le choix est large. Mais attention au déterminisme !

Pour poursuivre sur le volet psy, il y a aussi ces familles, ces lignées où la dépression apparaît bien souvent, et où le suicide est largement supérieur à la moyenne nationale. Hypothèse génétique structurelle ? Fonctionnement familial particulier structuré sur et par la dépression, qui peut alors agir sur les transmissions générationnelles par reproduction, par induction, telle une contamination ? Effet épigénétique, avec une transmission structurelle de comportements acquis en cours d'écriture génétique ?

Il y a également tous ces suicides dits « du travail », où l'acte a lieu souvent sur le lieu même de travail, avec les outils de travail, et d'évidence en lien avec les situations de travail. « D'évidence » : encore un déterminisme unique, parce que dans ce cas tous les salariés des entreprises et des administrations maltraitantes se suicideraient. Alors oui, évidemment, il y a des contextes professionnels fragilisants, on pourrait presque dire assassins. Mais il y a aussi l'individu suicidant, chaque individu, dont la souffrance peut dépasser très largement le contexte professionnel. On peut se demander en outre pourquoi ces suicides du travail se développent autant actuellement. Les conditions de travail étaient-elles meilleures dans la société d'hier en cours d'industrialisation, puis pendant les Trente Glorieuses ? C'est peut-être qu'hier les environnements professionnels, militants, syndicaux faisaient support, soutien, et que l'avenir était ouvert et resplendissant : ascenseur social, paradis, socialisme... Aujourd'hui, dans certaines entreprises, c'est chacun pour soi, sans et parfois contre l'autre, c'est l'absence de soutiens collectifs et de solutions collectives. Et on craque, seul.

Voilà une partie de la complexité du suicide, au carrefour permanent des déterminismes individuels, sociaux, culturels, anthropologiques. Quiconque avance alors une explication monocausale est doublement dans l'erreur, par incapacité structurelle de compréhension, et par ignorance des complexités du suicidant, de chaque suicidant. Que cette explication soit militante et syndicale, philosophique ou psychopathologique.

Mais alors, comment construire la prévention d'un fait total ? En bricolant des réponses ponctuelles qui pourront peut-être faire soutien à certains, à certains moments. Et en n'oubliant pas que le suicide est un droit individuel et qu'il ne s'agit pas de l'éradiquer pour le bien de chacun, chacun n'ayant surtout pas besoin qu'on veuille trop son bien à sa place.

Il y a les antidépresseurs. Pas les anxiolytiques, les réels antidépresseurs. Prescription complexe, administration complexe nécessitant en même temps une approche globale. Il y a les numéros d'appel pour se confier, demander écoute et soutien. Il y a la médecine du travail, qui a un rôle à tenir dans l'entreprise maltraitante. Solutions extérieures qui toutes ont leur logique et leur efficacité. Il y a, on le verra dans ce dossier, le choix de la psychiatrisation systématique. Réponse monocausale à une analyse monocausale, dont le rejet du simplisme ne doit cependant pas exclure la possibilité de recourir à la psychiatrie en cas de besoin ressenti. Il y a, en France, l'hospitalisation devenant systématique (pas en psychiatrie) des adolescents qui font des tentatives de suicide, un ou deux jours, le temps de commencer à parler.

Il y a, ou plutôt il pourrait y avoir, une éducation de tous à l'expression des ressentis pour éviter les ruminations intimes, une éducation à la capacité d'action sur ses situations de vie, une éducation à une vie partagée, collective. Vaste programme. Cela supprimerait-il pour autant le suicide ? On peut en douter.

Il y a aussi la qualité de la prise en compte, et l'accompagnement des comportements à risques, en particulier chez les jeunes, car ce que nous appelons « risques » est pour certains la mise en place de barrières, de butées, d'exutoires pour ne pas aller plus loin, trop loin[2].

Voilà, le dossier est ouvert. Un dossier particulier parce que chaque lecteur y trouvera, y retrouvera de ses interrogations, de ses tristesses, car chacun de nous a connu le suicide ou la tentative de suicide d'un proche, d'un ami, voisin, collègue, avec toujours les mêmes questions qui reviennent : et moi qu'ai-je fait pour lui, et pourquoi pas moi ? Remords, culpabilité, sens de la vie... Sacrées questions !

Ce dossier franco-québécois par ses auteurs est en cela même une possibilité d'ouvrir le regard, d'élargir les points de vue, de découvrir comment cela se passe « ailleurs ». Il débute par trois récits de vie. Avec la parole de Charles, un revenant du suicide, qui tente de remonter bien solitairement le fil de son acte après qu'une aide technique décisive l'a retenu en vie. Avec Marianne B. Fugère, qui a trouvé son grand-père faisant une tentative de suicide. Avec Robert Bastien, qui découvre son père mort par suicide. Honte, culpabilité, désaccords familiaux, secrets indicibles, quelle communication possible ?

Puis deux professionnels s'interrogent sur leurs attitudes, leurs réponses professionnelles à l'égard de suicidants. Louis-Vincent Rail revient sur le long travail effectué avec une jeune fille, Lyse Latraverse nous ouvre la porte de son cabinet de psychothérapeute.

Changement de focale, passons maintenant aux réflexions plus globales. Robert Bastien et Isabelle Perreault proposent depuis le Québec une construction exigeante articulant philosophie, anthropologie, histoire et santé publique. Puis Antonin Commune décortique avec les outils de la psychologie et de la psychanalyse les dynamiques du suicide au travail à partir de son poste de psychologue ayant cette question en charge dans un hôpital.

Encore plus largement : quelle prévention possible du suicide chez les jeunes Amérindiens de la Guyane française ? Un rapport parlementaire parle d'ouverture d'avenirs de vie, de bien-être, de reconnaissance, d'égalité… Revoici la prévention globale.

Nous fermons ce dossier avec un pas de côté, un sourire ; Gilles Van Aertryck nous propose de faire une analogie entre le décrochage professionnel volontaire et le décrochage de soi.

La discussion n'est pas close. Elle peut se poursuivre avec des contributions de lecteurs dans les prochains numéros de la revue.

Bonne lecture.

Notes

1. Psychiatre français, un de ceux qui ont inventé et diffusé le soin aux toxicomanes dans les années 1980.
2. Voir David Le Breton, *En souffrance. Adolescence et entrée dans la vie*, Paris, Métailié, 2007.

Après, pendant, avant 17

CHARLES[1]

Ce récit inversé raconte comment s'est passé mon improbable retour à la vie. J'explique, en fin du texte, pourquoi cette inversion narrative débute par la fin pour se terminer au commencement.

Après

Montréal. J'ai 60 ans. Je suis un homme. Après un peu moins de trente-six heures d'hospitalisation, j'obtiens mon congé de l'hôpital le 30 décembre 2015 dans l'après-midi. Pas de bottes, on m'en donne une paire à l'hôpital. Trop grande.

De la neige est tombée le 28 et le 29 décembre. Aucun souvenir de mon retour solitaire à la maison, sauf un arrêt dans un centre de crise tout juste à côté de l'hôpital. J'y passe environ vingt minutes avec la promesse de reprendre contact dès le lendemain. Par la suite, pas de souvenir de mes déambulations du centre de crise vers chez moi. Lunettes et trousseau de clés disparus, sauf une clé orpheline dans ma poche de manteau pour entrer chez moi. Mon premier souci, retrouver ces effets qui me sont indispensables. Pour entrer dans ma maison, conduire mon automobile, voir, lire et écrire.

Dans mes songes d'avant, je suis dans la cale d'un sous-marin, condamné à ramper dans un amas de métal, de gaines et de fils électriques, d'eau et de boue huileuse, avec le désir, pas très clair, de vouloir en sortir vivant. Et si cet espace exigu et inhospitalier était, pour l'éternité, mon nouveau domicile fixe ? À mon retour à la maison, j'entreprends des travaux d'archéologie sur ma terrasse enneigée. C'est pour retrouver mon trousseau de clés et mes lunettes que je pellette un amas de neige de près d'un mètre de haut. Je suis seul, je crois. Durant trois jours, je cherche mes objets essentiels égarés en pelletant toute la surface. Au bout de deux jours, il n'y a plus un flocon sur la terrasse. Je n'ai rien trouvé, sauf un côté obstiné de ma personne. Durant des mois, je vais chercher ces objets partout dans la maison. Encore aujourd'hui, je ne m'explique pas cette perte. De toute ma vie je n'ai jamais perdu quelque chose d'aussi essentiel à mes yeux. Je devais être très égaré, profondément barbouillé.

Le 31 décembre 2015, début de douleurs fantômes aux extrémités, une journée après ma sortie de l'hôpital, trois jours après mon hospitalisation. Pieds et mains. Cette douleur, difficile à nommer, combine engourdissement, brûlure, perte de sensation, élancements et œdème aux pieds et aux mains. Sous mes ongles de doigts de pied et de mes mains, des stries brunâtres se dessinent et progressent vers les bouts. La douleur partira de l'extrémité de mes orteils pour ceinturer progressivement mes deux pieds. Elle ira jusqu'à mes cuisses. De mes doigts, comme point d'origine, la douleur envahira en entier mes mains. Elle ira vers les biceps. Au lit, il m'est impossible de supporter le poids et la texture du drap sur mes pieds. Je vois mon médecin de famille le 6 janvier 2016. Elle déclare, à la suite de la lecture de mon dossier hospitalier qu'elle lit à haute voix, que j'ai bien failli ne jamais revenir. C'est mon corps qui est pour elle une source d'intérêt. Mais aussi un sujet d'inquiétude car elle n'a jamais traité de patients pour cause d'hypothermie sévère. Elle voit bien que mes pieds et mes mains sont abîmés. Échelonnés sur plusieurs mois, elle tentera divers traitements pour calmer la douleur qui ne cesse de croître et de se transformer au fil du temps. Ses efforts pour me soulager sont sans succès. Rien ne fonctionne parfaitement. Si un médicament semble efficace pour engourdir la douleur, les effets secondaires sont intolérables. Confusion, perte d'équilibre, trous de mémoire, insomnies, cauchemars. Elle imagine la morphine en désespoir de cause. Je refuse. Elle semble satisfaite de mon choix. Les diagnostics ayant trait à mon corps sont impossibles à obtenir. La prise d'un rendez-vous avec un neurologue relève de la fiction. Une année d'attente. J'explore la physiothérapie et l'acupuncture, sans succès aussi. En 2017, je cesse toute médication. La douleur, mieux supportée, ne me quitte plus.

Saint-Germain d'Ectot (France), 20 mars 2016. Debout, dans un champ, j'observe une chèvre et des poules à quelques mètres de moi. Il n'y a pas encore de feuilles dans les arbres. Il est tôt le matin. Je suis seul à être dehors. Je sens pour la première fois la mort qui, par mes pieds, monte inexorablement dans mon corps. Constat d'une maladie incurable qui s'est infiltrée par mes pieds pour prendre racine en moi. La germination mortifère. C'est, je pense, la mort programmée qui vient d'entrer par mes pieds dans mon corps. Tel un virus dont on connaît les ravages qu'il causera une fois en contact avec l'humain. Pas de cure possible. Depuis plusieurs semaines, toutes les petites blessures que je m'inflige par inadvertance ou distraction engendrent une douleur *normale* sur le coup. Une douleur qui, pourtant et très lentement, ira en s'amplifiant avec le temps pour culminer après des semaines d'incubation. Au lieu de disparaître, comme c'est le cas dans un corps *sain,* elle s'installera définitivement dans ma chair pour ne jamais expirer. Mon corps est dorénavant un buvard qui garde tout en mémoire, les blessures physiques en particulier. Toujours, ces blessures laisseront des traces. Dans moi, l'épreuve de la douleur est dorénavant décalée. La douleur, la *vraie*, se révèle après coup, jamais totalement sur le moment. Aujourd'hui, mes pieds me ramènent à la vie tous les jours en me rappelant qu'il me sera impossible de me soustraire à cette douleur persistante. Je marche tous les jours, même si je perçois le monde par des pieds qui transmettent à mon cerveau des sensations étranges du sol. Toujours en déséquilibre. Comme s'il y avait, entre mes pieds et la terre, une surface instable faite de beurre moelleux. Quelque chose proche d'un cauchemar éveillé. Rien n'est tout à fait normal, toujours de l'inquiétude associée au risque de trébucher. C'est dorénavant de cette façon que je m'éprouve au monde, en décalage. Un handicapé dont les traces laissées par un dommage presque létal sont pratiquement imperceptibles. Dans ma situation, il m'est impossible de me plaindre.

Pendant

À l'hôpital, le moment du *vrai* réveil reste flou en cette fin du mois de décembre 2015. Quand, au juste, mes esprits revinrent-ils ? Il faudra attendre des jours et des semaines pour le savoir. Ne plus se souvenir du motif qui fait que je suis à l'hôpital. Il devait y avoir une dizaine de lits inconfortables avec des malades couchés. D'autres sont debout, marchant ou immobiles, atteints d'un mal qui m'était inconnu. Étais-je comme eux, souffrant de ce même mal ? Avions-nous, femmes et hommes, la même maladie qui faisait que nous étions isolés des autres, contagieux ? Des infirmières et des infirmiers circulaient dans la salle. Je ne voyais pas totalement dehors car les fenêtres étaient obstruées par de lourds rideaux. Au moment du coucher, le soir, on m'offrait un cachet. Sans doute pour dormir, je ne sais pas parce que je ne posais pas de questions. J'étais, semble-t-il, un bon patient. C'est ce qu'on disait de moi alors que les autres me semblaient aussi calmes et *bons* que moi. Je ne ressentais aucune douleur dans mon corps. Mes pieds et mes mains fonctionnaient *normalement*. J'étais absent de moi-même, coupé de mon corps et de mon esprit. L'effet de la surdose de benzodiazépine[2] le 27 décembre 2015 n'est sûrement pas étranger à ma condition d'égaré. Pourtant, plusieurs événements se sont déroulés durant mon séjour de trente-six heures. Des appels téléphoniques à mes proches. Des retours d'appels aussi. Des bris de communication. Le désir de rester seul, de couper les contacts. Ne plus me sentir vivant. En suspension. Aucun souvenir de visites d'êtres humains de l'extérieur, amis et membres de ma famille. Une brisure totale entre le dedans et le dehors. Et pourtant, il y en a eu. J'oubliais tout à mesure. De la peine exprimée par les autres comme du soulagement à me voir vivant malgré l'épreuve. Quelque chose s'était brisé en moi, faisant que mes sens ne s'entendaient plus entre eux. Tout était au ralenti. Pas d'accélération possible. Pas d'énergie. Pas de sentiment précis. Pas d'émotion. Du gris, juste du gris. C'était vide en moi et autour de moi. Un psychiatre d'un certain âge et un très jeune médecin en formation auprès de *vrais* patients me poseront des questions sur les causes de mon internement. Ce sera tout d'abord le jeune médecin. Une fois sa consultation terminée, je verrai, en présence du jeune médecin, le psychiatre mentor plus âgé qui me reposera les mêmes questions. Je crois avoir donné les bonnes réponses car j'ai eu mon congé de l'aile psychiatrique assez rapidement. Aucun membre de l'hôpital n'a pris le temps de m'expliquer d'où je venais, par où j'avais transité dans l'hôpital avant de me retrouver isolé. Aucune question sur mon état de santé physique. D'ailleurs, mon corps ne me faisait pas souffrir. Dans l'aile psychiatrique, c'est ce qui est dans la tête qui compte, les idées, les pensées, la souffrance. Les blessures au corps sont secondaires.

Dans les faits, j'ai passé plusieurs heures aux soins intensifs, inconscient. Ils réussirent à me remettre en vie en me réchauffant avec des injections de liquide chaud dans mes veines. À mon arrivée aux urgences le 28 décembre 2015, la température de mon corps était de 31,0° C. La température normale se situant entre 36,1° C et 37,8° C. Lors du sauvetage, il semble qu'il me restait moins d'une heure à vivre à cause du refroidissement qui allait en s'accentuant. C'est en raison d'un pressentiment de l'être aimé que je fus sauvé in extremis.

Avant

C'est l'épreuve de la laideur qui m'a poussé à vouloir m'enlever la vie le 27 décembre 2015. Le fait de présumer que je pouvais faire peur fut pour moi ce qui a déclenché ce désir de quitter subitement le monde. Plus cette image effroyable d'un moi qui fait peur se raffinait dans mon esprit, plus je voulais en finir. Empêtré, j'ai tout d'abord ouvert une bouteille d'alcool. Cela a précipité mon désespoir, m'enlevant toute inhibition à l'égard de ma préservation. C'est là que j'ai décidé spontanément qu'il me fallait en finir définitivement. J'ai donc avalé près d'une centaine de comprimés de benzodiazépine. Les dernières images de ma presque fin de vie d'avant sont les suivantes. Je me dirige dehors, sur la terrasse. Je m'adosse au mur. Il pleut un peu. Il doit faire autour de 2° C. Il est autour de 14 heures. Je perds conscience. Je passerai plus de dix-huit heures debout dehors, où le froid n'a fait que s'intensifier. Tout s'est bousculé dans ma tête, mon cœur et mon esprit. Je n'avais rien planifié. Uniquement de l'impulsivité émanant de mon intolérance à générer de la peur.

Retour sur le texte

Il m'est impossible de blâmer qui que ce soit d'autre que moi dans cette histoire. C'est moi et essentiellement moi qui, par une dérive d'interprétation de ma propre personne, suis responsable de ma tentative de me tuer et de ma condition actuelle de miraculé mal en point. Avec ce texte, j'ai voulu aller un peu plus loin que les motifs m'ayant poussé à vouloir en finir. Et surtout, éviter tout jugement moral sur la nature de ce geste. C'est le retour à la vie qui m'importait. L'après. Les traitements hospitaliers qui firent que le geste que j'ai posé m'a entraîné, comme un prévenu, dans l'isolement. Je déplore amèrement la façon dont on s'est occupé de moi et je pense à toutes celles et ceux qui, comme moi, reviennent de loin par inadvertance.

Pourquoi avoir inversé les séquences de ce récit de moi ? Par souci de protection, je crois. Si j'avais écrit cette expérience de retour à la vie en relatant en premier lieu la cause de ma presque mort, j'aurais eu honte de moi et j'aurais sans doute effrayé le lecteur. Je voulais aussi éviter de mon mieux la bascule dans la sensation et l'épreuve des sentiments que les mots peuvent engendrer lorsqu'il s'agit d'un drame humain. De plus, j'aurais sans doute biaisé cet événement tragique. J'aurais craint le jugement. Je me disais : comment décrire un drame sans rechercher de la compassion ? D'ailleurs, comment éprouver ce sentiment pour quelqu'un qui a délibérément tenté d'en finir et qui revient à la vie alors que d'autres luttent désespérément pour vivre ? Pourtant, je voulais écrire sur ce moment de ma vie pour montrer comment on s'éprouve après coup. Ceux qui, comme moi, reviennent à la vie vivent tous et toutes, je présume, un malaise sourd qui, sans se lire dans les mots de ceux qui savent, témoigne de l'ampleur de ce sujet toujours tabou. Une sorte d'obligation au silence qui, toujours, se devine et se ressent. Enfin, je voulais ouvrir une autre brèche, plus métaphysique cette fois, sur le geste que l'on pose sur soi pour en finir. Dans mes songes récents, j'en suis venu à la conclusion qu'il [m'] était impossible de [me] se donner la mort. Il y a tout autour de nous des gens qui réussissent à se tuer. La preuve matérielle existe mais pas l'épreuve métaphysique. Le chagrin se lit chez les êtres affectés. Il y a des statistiques sur les taux de suicide dans le monde. On connaît aussi les grandes motivations : les troubles mentaux, le travail, l'amour, l'abus, etc. On connaît des proches qui disparaissent en laissant une note ou en n'écrivant rien. Il y a des professionnels qui pensent et agissent pour que d'autres évitent de poser ce geste fatal qui laisse, chez les autres, une blessure sans nom et un tas de questions qui, toujours, seront sans réponses. Mais au fond de moi, je crois qu'il [m'] est impossible de [me] se donner la mort. Tenter de poser ce geste pour se libérer de quelque chose qui pèse trop lourd sera toujours vain. C'est ce que j'éprouve au plus profond de moi. La plus grande crainte qui, aujourd'hui, m'habite est que l'on sépare mon corps de mon esprit, que l'on isole ces deux segments de mon être.

En guise de conclusion, voici le résumé d'un article de Claudine Sagaert[3] intitulé « De la laideur au suicide ». Je ne place pas ce court texte pour justifier le geste que j'ai posé en 2015. J'ai trouvé cet article bien après. Ce qui me semble intéressant dans ce texte, c'est qu'il montre que le désir d'en finir n'entre pas toujours par la porte de la maladie mentale, de la folie : « Avec l'inflation de la prise en compte de l'apparence dans les sociétés contemporaines industrialisées, l'individu étiqueté comme laid est bien souvent dévalorisé, rejeté, mis à l'écart. Fragilisé par le regard de l'autre, il a honte d'être ce qu'il donne à voir de lui-même à tel point qu'il en vient bien souvent à générer les fruits d'une haine de soi et à devenir alors, à ses yeux, objet de répugnance et de dégoût. Dans l'impossibilité d'être autre que ce qu'il est, il ne trouve pour seule issue que d'attenter à sa vie. »

Notes

1. Prénom fictif.
2. Substance anxiolytique.
3. C. Sagaert, « De la laideur au suicide », *Interrogations*, vol. 14, 2012 : http://wInterrogationsrogations.org/De-la-laideur-au-suicide

22 Je m'excuse papi !

MARIANNE B. FUGÈRE
Éducatrice en milieu de garde, Montréal, Québec.

Le mois de l'événement n'est pas précis parce que j'ai une piètre mémoire des dates. Il se pourrait, aussi, que cette perte de mémoire ait été occasionnée par le stress lié à l'événement que je vais raconter.

À la toute fin de l'été 2009, j'ai découvert un membre de ma famille qui avait tenté de s'enlever la vie. J'avais 23 ans. Trois autres membres de ma famille ont tenté – et dans certains cas, réussi – de se tuer. Mon arrière-grand-père maternel, durant le premier tiers du XXe siècle, s'est enlevé la vie. Mon grand-père paternel, à la toute fin du XXe siècle, s'est aussi suicidé, ainsi que mon père, plus récemment, qui a tenté de mettre fin à ses jours sans y parvenir. De mémoire, je vais faire le récit de la tentative de suicide de mon grand-père maternel, car j'en fus le témoin principal.

Lorsque ma mère m'a demandé, par téléphone, de rendre visite à mon grand-père parce qu'elle était inquiète de ne pas avoir de ses nouvelles, je n'étais pas particulièrement sensible à sa demande. J'avais ma vie à vivre, des copines à rejoindre et un amoureux. J'ai toutefois décidé de lui rendre visite devant l'insistance de ma mère.

Mon grand-père vivait à Montréal. Il habitait chez ma mère depuis deux ans. Auparavant, après avoir vendu sa maison, il résidait dans une luxueuse pension pour personnes retraitées. Lorsque je me suis décidée à lui rendre visite, il faisait très chaud. Je suis arrivée vêtue d'une petite robe d'été, blanche avec des cœurs rouges et bleus. J'avais le sourire aux lèvres sans me douter de ce que j'allais découvrir.

La lumière extérieure de la demeure était allumée, je voyais par la fenêtre qu'il y avait aussi de l'éclairage à l'intérieur de la maison. Il devait être environ 21 heures. Dès que j'ai ouvert la porte, j'ai ressenti quelque chose d'inhabituel.

Le sol était maculé de gouttelettes de sang non coagulé. Immédiatement, je me suis mise en mode sauvetage. J'ai suivi les traces de sang avec l'intuition qu'il s'agissait de sang provenant des poignets de mon grand-père. Il n'y avait pas de musique, uniquement le son d'un filet d'eau coulant dans un bain. J'ai trouvé mon grand-père dans la baignoire. L'eau était rose, et il était confus. C'était bouleversant. Avec mon téléphone portable, j'ai composé le numéro des urgences. La répartitrice m'a alors soutenu dans ma tentative de l'aider. J'ai décrit partiellement la scène, le sang par terre entre autres.

Je sentais qu'il était triste et déçu de voir sa petite-fille le découvrir, ivre, nu et ensanglanté. J'imagine qu'il aurait souhaité me protéger de cette scène. Que je ne le découvre pas. Il pleurait, moi aussi. C'était d'une tristesse sans nom. J'ai communiqué cette information à la dame aux urgences qui, elle, en retour, m'a informée que les services d'urgence étaient en route pour venir secourir mon grand-père.

Avant l'arrivée des ambulanciers, je lui ai demandé de sortir du bain, en lui disant en premier que je m'excusais, sans trop savoir pourquoi je demandais des excuses. Au milieu de sa chambre, non loin de la salle de bains, je l'attendais avec une serviette pour le sécher, couvrir son corps et l'aider à s'habiller avant l'arrivée des secours. Il était encore assez fort et lucide pour marcher seul et je ne voulais pas, encore une fois, être témoin de sa nudité. Mais cela était impossible dans ces circonstances. Il est alors arrivé devant moi. C'était la première fois que je voyais mon papi nu, debout, entièrement visible.

Il avait encore dans sa main droite un couteau. Jamais plus les choses ne seront pareilles pour lui comme pour moi. Je venais d'entrer dans son intimité la plus profonde. Nos regards seront dorénavant troublés par cette tentative de suicide. Encore une fois, je lui demandais de m'excuser d'être venue. J'éprouvais le sentiment que je venais de contrecarrer son plan et que j'avais devant moi un être fragile, tout le contraire de l'image qu'un grand-père cherche à projeter à ses enfants et à ses petits-enfants, à la famille tout entière.

Je sentais que le monde venait de changer radicalement pour lui. Il aurait aimé faire autrement que de se mettre nu un couteau à la main devant sa petite fille. Il était là, vulnérable.

Les ambulanciers sont arrivés et j'ai fait le trajet avec lui jusqu'à l'hôpital. Durant le transport, il n'a pas cessé de dire « je m'excuse ». Et moi aussi je m'excusais, mais pas pour les mêmes raisons que lui.

Mon grand-père était dans un état de grande tristesse depuis le décès de son épouse en 2007. Ils étaient, je pense, profondément amoureux l'un de l'autre. La mort de sa femme l'a précipité dans une série de bouleversements émotifs et matériels. Il s'est résigné à quitter la résidence pour personnes âgées pour aller vivre avec l'un de ses enfants, sa fille, ma mère, qui, à l'époque, devait avoir dans la cinquantaine. Il occupait deux pièces de la maison.

Il est resté environ vingt-quatre heures à l'hôpital, pas plus. Il est mort d'un cancer en 2011, après une très brève période d'hospitalisation.

Plusieurs mois après sa tentative de suicide, j'ai appris qu'il avait alors informé son fils de son intention d'en finir parce qu'il se sentait seul au monde depuis la mort de sa femme. Or, aucun autre membre de sa famille n'était au courant de ce scénario funeste, que seul le fils connaissait.

Pour ma part, je savais qu'il était malheureux car nous parlions souvent de nos souffrances respectives. Mais toujours, nous finissions nos verres de vin en explorant des solutions pour vaincre nos démons. Je ne savais pas qu'il avait parlé à mon oncle, son fils, de la manière dont il allait mettre fin à ses jours et qu'il était décidé à le faire. Rétrospectivement, j'aurais souhaité que le fils alerte les autres membres de la famille afin de créer une sorte de cordon de sécurité auprès de mon grand-père, afin qu'il se garde de passer à l'acte. Or, cette information n'a jamais été partagée. Serait-ce que mon grand-père avait demandé à son fils de garder ce secret pour prémunir le reste de la famille de ses intentions de disparaître?

Durant les semaines qui ont suivi sa tentative de suicide, j'ai invité un de mes professeurs de l'époque à venir discuter avec lui de son geste. J'étais alors étudiante en gérontologie sociale. La rencontre fut amicale, sympathique même. J'ai observé les deux hommes de 80 et 70 ans dialoguer à propos de la vieillesse. C'était touchant. Ils discutèrent du deuil, de l'effritement des réseaux sociaux, de la perte d'êtres chers, de la vieillesse, et du peu de solutions pouvant soutenir des personnes âgées pour vaincre l'isolement.

J'ai peu reparlé ensuite de cette soirée avec ma famille. Ma mère, je la sentais bouleversée. Mais ce n'est pas une femme qui parle beaucoup de ses émotions. Mon père m'a sûrement écouté et demandé de mettre en mots comment je m'étais sentie à l'époque, mais je n'en garde pas beaucoup de souvenirs. Mon amoureux du moment m'a, en revanche, beaucoup écouté et a pleuré avec moi quand je suis rentrée le matin. Il aimait bien mon grand-père. J'ai discuté aussi avec des amies qui me demandaient si j'étais traumatisée – ce que je n'étais pas. Mais sans doute qu'au fond de moi, je pouvais l'être. Avec le temps, je découvre que le sentiment de désolation que j'ai éprouvé au moment de le découvrir dans le bain s'est dissipé, faisant place à l'impression de l'avoir sauvé de la mort. Mon inaction aurait été encore plus lourde à supporter. Je n'ai jamais jugé mon grand-père dans ce geste dramatique. Seulement écouté. Je ne crois pas que je sois traumatisée… qui sait ?

L'autodestruction[1] de mon père

Ce que le suicide dépose sur les proches

ROBERT BASTIEN
Chargé de cours, université du Québec à Montréal, professeur adjoint de clinique, École de santé publique, université de Montréal.

> *« Je fais partie de la famille des suicidaires, c'est-à-dire pas nécessairement de ceux qui mettent fin à leurs jours, mais de ceux qui ont toujours la mort à leurs côtés, pour plus de sûreté, pour parler avec elle, pour espérer en elle[2]. »*
> Stig Dagerman, *Notre besoin de consolation est impossible à rassasier*, Actes Sud, 1984.

Je présume que le propos de Dagerman illustre assez bien le sens que mon père pouvait accorder à sa propre existence parmi les vivants. Comme Dagerman le suggère, il se gardait le privilège de se tuer, même si l'idée de la mort lui faisait très peur. Ça, je le savais.

Rétrospectivement, je pense que personne n'aurait pu l'empêcher de mettre fin à ses jours. Jusqu'aux derniers moments de sa vie sur terre, c'est-à-dire entre l'instant où il s'est mis en marche pour aller se tuer et son passage à l'acte, il a dû pleurer toutes les larmes de son corps. Mon père, conscient de son inadéquation humaine et sociale, était un être profondément malheureux et triste de sa personne. Il se savait abattu par la vie depuis le début de sa vie adulte. De surcroît, il était, comme on dit, un grand sensible.

Avec le temps, je crois qu'il avait mis au diapason son projet d'autodestruction en résonance avec sa vie. Autrement dit, sa mort était imbriquée à son existence de vivant. Mais qu'est-ce qui a propulsé ce passage à l'acte ? Quels événements sont à la base de son geste fatal ? Quels furent les signes annonciateurs ?

Le 3 novembre 1998, mon père s'est donné la mort[3] dans le sous-sol de l'immeuble dont il était le concierge depuis plus de dix années. Très tôt le matin de sa mort, ma mère me téléphona pour me dire que son mari, mon père, avait disparu. Il n'était plus dans l'appartement. En me rendant chez elle, j'avais l'intuition que quelque chose de grave venait de se passer. Je suis allé dans le garage où son auto était habituellement garée dans l'espoir de le trouver en train de la nettoyer. Il n'y était pas. Comme je ne disposais pas des clés pour ouvrir les portes donnant accès à des espaces barrés ou cadenassés, j'ai alerté l'homme à tout faire de l'immeuble, Maurice, qui, lui, possédait les clés.

Dès mon arrivée chez mes parents, j'ai alerté la police pour signaler sa disparition, car il n'était nulle part. En arrivant sur les lieux, l'homme à tout faire, les deux policiers et moi avons débuté l'ouverture de toutes les portes du sous-sol à la recherche de mon père. C'était le point de départ.

Au bout de quelques minutes, un policier a déclaré : « Je l'ai trouvé. Il est pendu. » Il était dans la chambre de machinerie de l'ascenseur. Je ne suis pas allé voir son corps. Cette idée ne m'a même pas traversé l'esprit. Plus tard, des ambulanciers sont venus constater le décès. Peu de temps après, des employés de la morgue sont venus chercher le corps de mon père. Durant ce temps, j'étais avec ma mère à lui expliquer la situation et lui offrir mon réconfort. Je me souviens lui avoir offert un verre de brandy, il devait être 8 h 30. Quelques heures après le décès, un employé de la morgue nous a convoqués, ma sœur et moi, pour identifier le corps. C'est à partir d'une photo de la tête du corps de mon père, ses yeux fermés, la bouche ouverte, que nous avons confirmé qu'il s'agissait bien de notre père, Jean-Marc. Cette photo restera gravée dans mon esprit pour toujours. L'incarnation *vraie* d'un corps humain mort. Par la suite, les choses se sont bousculées, le temps ne cessait de s'accélérer en tournant en rond. L'annonce à faire à ma conjointe, à mes deux filles de 17 et 14 ans, à mes amis, à mes collègues de travail. Je n'éprouvais pas de honte devant le geste de mon père, essentiellement du désarroi ainsi qu'un fort sentiment de mise en suspension. Je n'étais plus sur terre. Les jours passèrent sans que j'éprouve de profonde émotion à l'égard de la disparition de mon père ou de la nature de son geste au plan moral. Mon attention était dirigée vers les autres et en particulier ma mère, jusqu'au soir où j'ai dû monter sur un escabeau pour changer une ampoule grillée. C'est au sommet de cet escabeau, sur l'avant-dernière marche, que j'ai craqué. Mon corps et mon esprit ont été choqués, car je venais d'éprouver, par la position que j'occupais dans l'espace, que c'était le dernier endroit où mon père avait brièvement séjourné vivant avant de se pendre. C'est dans ce lieu qu'il avait sans doute pleuré toutes les larmes de son corps. Inconsolable, j'ai, à mon tour, pleuré durant des jours. En fait, je me suis donné la permission de pleurer sans retenue. Tranquillement, je me suis apaisé pour finalement cesser de pleurer de manière impromptue.

Quelques semaines plus tard, à la suite de la cérémonie à la mémoire de mon père et d'un souper à la maison avec presque tous mes amis, j'ai éprouvé une profonde douleur au rectum. Une crise hémorroïdale sévère se dessinait. À l'hôpital, on m'a prescrit de la morphine ainsi qu'une pommade. Mais rien n'y faisait. Un mauvais diagnostic avait été posé sur mon état de santé. De jour en jour, la douleur ne cessait d'empirer au même titre que ma consommation de morphine. Après quelques jours, je suis retourné à l'hôpital car le mal m'était insupportable. La morphine, même à dose très élevée, ne faisait strictement rien. L'urgentiste a alors constaté un début de nécrose et je fus admis sur le champ pour une intervention chirurgicale d'urgence. Le pronostic n'était pas génial. On me prédisait l'installation d'un sac, si jamais les tissus de cette partie de mon corps n'étaient pas réparables. J'ai séjourné environ une semaine à l'hôpital pour en ressortir sans séquelles. Ce séjour m'a procuré beaucoup de soulagement. C'était calme. L'étage était pratiquement vide. Je partageais ma chambre avec un homme atteint de cancer. Il était serein. Les infirmières, très attentives. Les médecins aussi.

Des indices, toujours incertains, se révélant après coup

Mais qui était ce père qui venait de se tuer sans laisser de traces, de notes, de mots ? Quelques semaines avant son suicide, mon père, Jean-Marc Bastien, m'a téléphoné pour me demander mon avis au sujet de son intention de changer d'automobile. Je lui ai demandé pourquoi il voulait changer de véhicule alors que celui qu'il possédait était pratiquement neuf bien qu'âgé de plus de dix ans. C'est à ce moment qu'il m'a dit : « Si c'était pour toi, quelle serait la marque d'automobile que tu choisirais ? » J'ai gentiment insisté pour qu'il conserve son auto en arguant qu'elle était encore très bonne, entre autres parce qu'elle n'avait pratiquement pas de kilométrage. La conversation a pris fin, simplement en dérivant sur d'autres sujets. Dans les jours suivants, nous nous sommes reparlés et la question du changement d'automobile n'est jamais réapparue dans nos conversations.

Peu de temps après sa mort, au moment de la lecture de son testament, j'ai découvert qu'il me léguait son automobile. Une Chrysler Le Baron 1985 avec une roue classique à l'arrière. Elle était blanche à l'extérieur et bleue à l'intérieur. Les deux événements sont-ils liés ? Était-ce parce qu'il se préparait à vouloir se tuer qu'il prenait de telles mesures ? Pour amoindrir la peine, avait-il parcouru son testament pour s'assurer qu'il me léguait bel et bien son auto ? Comme s'il avait voulu me faire un cadeau posthume répondant à mes choix personnels en matière d'automobile. Comment me serais-je éprouvé au volant de ce véhicule après sa mort si je l'avais influencé pour qu'il achète une nouvelle auto correspondant à mes critères personnels ? Quoi qu'il en soit, au moment de clore l'aventure testamentaire, j'ai vendu son automobile à l'un de ses frères qui la convoitait depuis longtemps.

Outre ce legs, il y avait une assurance vie à mon nom d'un montant de 5 000 dollars canadiens. Le reste de ses legs était plutôt étranges. Il donnait environ 20 % de ses avoirs à son comptable, 20 % à l'un de ses frères et 10 % à la congrégation des sœurs de la Providence où l'une de ses sœurs, Cécile, était religieuse depuis très longtemps. Le reste, 50 %, allait à ma mère. La valeur totale de son capital était d'environ 60 000 $ canadiens. Ce qui n'était pas une fortune à l'époque. J'ai alors contacté tous les héritiers pour leur demander de se désister de leur héritage au profit de ma mère. Seul le comptable a accepté de refuser le legs en signant une attestation à cet effet. La congrégation religieuse a aussi refusé verbalement la part de l'héritage de mon père. Pour sa part, son frère, Bernard, a reconnu la légitimité du legs de mon père. Une fois toutes les démarches complétées, j'ai à nouveau communiqué avec le frère de mon père pour m'assurer qu'il n'avait pas changé d'avis. Sa réponse fut la même. J'ai aussi recontacté la congrégation religieuse pour obtenir de leur part un désistement écrit. L'argentière de la congrégation religieuse m'a alors informé qu'elle acceptait finalement la part de l'héritage de mon père sous prétexte que la congrégation avait des difficultés financières.

Quelques mois après la mort de mon père, deux représentants des anciens combattants de l'armée canadienne sont venus, en ma présence, rencontrer ma mère à son domicile. Le motif était d'offrir à ma mère une rente viagère se chiffrant autour de 2 000 $ par mois entièrement libre d'impôt, ce qui représentait une somme très importante pour une personne qui ne détenait aucun fonds de pension et très peu d'économie. Mais pour recevoir cette rente, elle devait s'engager, par écrit, à ne jamais consulter le dossier médical de mon père durant son bref service militaire, en 1941 ou 1942. Considérant qu'elle n'avait pratiquement aucun revenu lui permettant d'être économiquement autonome, j'ai suggéré à ma mère d'accepter l'offre des anciens combattants. Depuis ce jour, je me demande ce que contient ce dossier sur mon père. Pourquoi verser une telle somme après tant d'années ? Son autodestruction serait-elle liée de près ou de loin à son passage dans les forces armées ? Impossible de savoir. Cela restera pour toujours enfoui dans les archives de la Défense nationale du Canada.

Dès sa sortie de l'armée canadienne alors qu'il n'était jamais allé au « front », mon père a travaillé en usine toute sa vie, du 17 mars 1943 jusqu'au 31 août 1984[4], pour la compagnie Uniroyal, auparavant Dominion Rubber. À plusieurs reprises, ma mère m'a confié que mon père était suicidaire. Un jour, elle l'avait retrouvé dans la baignoire tout habillé et voulant mourir noyé. Une autre fois, il s'était rendu à l'hôpital en expliquant qu'il voulait se pendre dans le garage de son immeuble où il était concierge. Cette note, on la retrouve dans le rapport d'investigation du coroner du 7 janvier 1999 : « La victime était connue dépressive[5] de longue date. On note une hospitalisation en psychiatrie en 1988 suite à des pensées suicidaires. La victime âgée de 73 ans avait subi une ablation rénale pour cancer, et ce, en 1992, au centre hospitalier Jean-Talon. Monsieur Bastien était affecté par l'état de sa santé physique. »

Au sujet de ses inquiétudes à l'égard de sa santé physique, ma mère m'a rappelé, après la mort de mon père, que celui-ci avait récemment subi des examens médicaux en lien avec le cancer du rein qui l'avait frappé en 1992 et qu'il était très inquiet des résultats à venir. La veille de son suicide, il s'était entretenu au téléphone, en présence de ma mère, avec son médecin. Il avait alors abruptement mis fin à la conversation téléphonique et était entré, selon les dires de ma mère, dans un état hagard et silencieux, assis sur son fauteuil en velours bleu. Et c'est le lendemain matin qu'il se pendit. J'ai personnellement communiqué avec le médecin en question afin qu'il me donne des explications au sujet de son échange téléphonique avec mon père le jour précédant sa mort. Sa réponse fut la suivante : secret professionnel.

Tout, dans l'histoire de vie de mon père, laissait présager sa « vocation » à vouloir disparaître[6]. C'était tellement évident que cela faisait partie intégrante de nos vies. Comme s'il s'agissait d'un bruit fantôme, une habitude. Quelque chose de directement imbriqué dans sa vie, une partie prenante. Nous ne pouvions rien faire pour prévoir le drame annoncé.

Le silence entourant le suicide

Quelques heures après le suicide de mon père, j'ai demandé à une amie psychologue de prendre contact avec ma mère. J'étais inquiet de sa non-réaction. Dès la découverte du corps de mon père, je l'ai informée que nous l'avions retrouvé mort. Pendu dans le sous-sol de l'immeuble. Aucune réaction. Pas de larmes. Pas de changements dans le regard, ni, non plus, dans sa posture ou dans son visage. Strictement rien d'apparent. Dans mon for intérieur, je me disais qu'elle devait être en état de choc, qu'elle ne réalisait pas encore les dommages liés à cette perte. Je constatais aussi qu'il m'était impossible de la laisser seule dans cet état. À mes yeux, elle avait besoin d'une aide que je n'étais pas en mesure de lui apporter. La psychologue a visité ma mère à quelques reprises pour rapidement arriver à la conclusion que la mort de mon père l'avait libérée d'une immense charge. Ainsi, plusieurs années après le drame, la psychologue m'a informé que ma mère était dans l'impossibilité de me faire cette confidence [la libération] parce qu'elle présumait que c'était moi qui, à cette époque de ma vie, était le plus affecté par le suicide de mon père. Alors, comment dire à son fils que le suicide de l'être aimé, en l'occurrence mon père, soulage une mère qui ne s'est jamais sentie endeuillée, mais bien plutôt libérée ? L'autodestruction de soi est un sujet tabou pour de nombreux survivants. On ne sait jamais comment en parler et, lorsqu'on en parle, on ne sait pas très bien quoi dire. Et pourtant, nous devrions le faire. Mettre des mots. Ouvrir des brèches.

Épilogue

Par souci de préservation, ma mère avait ainsi décidé de témoigner de son état d'âme à une tierce personne plutôt qu'à ses proches, à son fils entre autres. Osons une autre hypothèse que celle du souci de préservation d'une mère à l'égard de son enfant. Peut-être que le silence de ma mère ne visait pas à me protéger mais plutôt à dissimuler un soulagement tant attendu. Comment, pour une mère, témoigner de cet apaisement alors que les proches sont abasourdis par la violence du geste ?

Notes

1. « Autodestruction », c'est ce terme qui est employé par le coroner investigateur au sujet du suicide de mon père. Note d'archives.

2. Source : http://agora.qc.ca/thematiques/mort/dossiers/dagerman_stig

3. Sur le certificat de décès, il est indiqué l'heure de la mort : 5 h 30. Note d'archives du bureau du coroner.

4. Missive [lettre de recommandation adressée *à qui de droit*] de la compagnie Uniroyal du 22 septembre 1984, signée par le directeur des relations industrielles, monsieur Mario Y. Beaulieu.

5. « La dépression possède sept tiroirs et au fond du septième se trouvent un couteau, un rasoir, un poison, une eau profonde et une chute vertigineuse. Je finis par être l'esclave de tous ces instruments de mort. Ils me suivent comme des chiens, ou c'est moi qui les suis comme un chien. » Source : http://agora.qc.ca/thematiques/mort/dossiers/dagerman_stig

6. La *vocation à* [vouloir] *disparaître* est une expression employée par le psychanalyste Ludwig Fineltain. Source : 19e *Bulletin de psychiatrie,* édité le 7 mars 2010 : http://www.bulletindepsychiatrie.com/suicide.htm.

La question du suicide dans la relation d'aide : un moment formateur pour l'intervenant ?

LOUIS-VINCENT RAIL
Clinicien en santé mentale jeunesse, projet ACCESS Esprits ouverts, Montréal (Québec).

Cela fait plus de dix ans que je travaille dans le domaine de l'intervention sociale au Québec, notamment auprès de la jeunesse. J'ai acquis une large part de mon expérience en œuvrant dans le milieu communautaire (mouvement associatif) en travail de rue. J'ai ainsi travaillé dans des quartiers de la ville peuplés de personnes dites en « rupture sociale ». Si certains jeunes s'adonnent librement à l'exploration de modes de vie marginaux que la société désapprouve, d'autres se retrouvent à la rue et éprouvent une profonde détresse, ce qui les plonge dans des situations permanentes de survie et de précarité.

En côtoyant ces jeunes en tant que travailleur de rue, j'ai appris à tisser des liens, mais surtout à développer des stratégies pour maintenir ceux-ci bien vivants dans le temps. Souvent, le travailleur de rue se retrouve être la seule personne avec qui ces jeunes peuvent développer des liens de confiance. D'où l'importance du maintien de ce lien humain et social.

Parfois, on fait des rencontres qui ébranlent au plan émotif. Ce n'est pas une bonne ou une mauvaise chose, mais en ce qui me concerne, je crois que c'est inévitable. En tant que travailleur de rue, le principal défi, avant même d'imaginer une forme adaptée de relation d'aide, c'est la relation d'être qui se pose au premier plan. Et ce type de relation n'est envisageable qu'à partir de la qualité et de la force du lien qui se crée entre l'intervenant et la personne.

J'ai toujours travaillé avec mon cœur, quelquefois même au détriment de la raison. Mes orientations en matière d'intervention étaient, à une certaine époque, plus instinctives que réfléchies et je m'en sortais relativement bien, jusqu'à ce que je me cogne contre un mur. Ce mur m'a fait vivre de l'impuissance qui aurait pu me conduire à abandonner le métier d'intervenant social. Mais aujourd'hui, grâce à l'expérience, au soutien de mes collègues, francs et accueillants, et à ma capacité de recevoir la critique (je crois !), je laisse plus de place à la raison dans mon approche sans pour autant délaisser entièrement la part des sentiments dans ma pratique.

Parmi les expériences qui m'ont fait le plus cheminer, c'est la question du suicide qui a été la plus éprouvante, la plus confrontante. En surface, l'histoire que je vais décrire est tout à fait courante et commune à ce que l'on retrouve dans la littérature en psychologie et en travail social. Toutefois, lorsqu'on y est confronté pour de vrai, il se passe totalement autre chose, car on s'éprouve dans la souffrance de l'autre, elle nous traverse. C'est l'histoire d'une jeune fille qui menaçait de s'enlever la vie lorsque je tentais, en tant qu'intervenant, de lui mettre des limites, pour qu'elle se préserve et pour que je me protège.

Au cours du mois de septembre 2016, j'ai rencontré cette jeune fille dans le cadre de mes nouvelles fonctions en tant qu'intervenant psychosocial en santé mentale, rattaché non plus à un organisme en travail de rue mais à un centre de santé et de services sociaux de Montréal. À ce titre, je bénéficie d'une très grande marge de manœuvre. J'ai à ma disposition un téléphone portable sur lequel je peux être joint directement sans détour, ce dont les autres intervenants au sein du centre de santé ne disposent pas. De cette façon, lorsqu'on veut me parler ou me rencontrer, il n'y a pas de délais, pas de secrétaire, pas de boîte vocale sur laquelle on laisse des messages dans l'espoir d'obtenir de l'aide. Bien que mon port d'attache demeure le centre de santé, je peux, en tout temps, me déplacer pour aller à la rencontre de jeunes dans les lieux de leur choix pour échanger avec eux, m'enquérir de leurs besoins et leur offrir mon soutien, si cela est demandé. Contrairement à mes pairs, je ne suis pas soumis à des objectifs quantitatifs de rendement fondés sur des quotas de personnes à rejoindre. Autrement dit, je dispose d'une très grande latitude dans ma façon de structurer ma pratique, et mes interventions, encore aujourd'hui, sont inspirées largement du travail de rue et de la réduction des risques.

Au tout début de ma rencontre avec cette jeune fille, je lui expliquai ma manière d'agir en évoquant les grands principes en travail de rue, l'humanisme, l'écoute et le respect du rythme de l'autre. En travail de rue, on n'impose pas de plan d'intervention, celui-ci se construit en fonction des intérêts de l'autre et de son désir à opérer des changements. Et lorsqu'il n'y a pas d'expression manifeste de modifier une conduite néfaste pour la personne, nous l'accompagnons quand même en étant au plus proche des intérêts de l'autre. L'accompagnement est sans doute le maître mot en travail de rue. Or, très rapidement cette jeune fille m'a pris au mot avec mes grands principes et mes valeurs humanistes.

Sur une période de deux mois de suivi, nous ne nous étions rencontrés formellement qu'une seule fois. C'était son choix, elle préférait les conversations téléphoniques et les sms plutôt que des rencontres face à face. Elle pouvait me parler plusieurs fois par semaine. Fréquemment, elle tenait des propos incohérents et contradictoires. Parfois, les conversations pouvaient prendre fin abruptement. En tant que travailleur de rue expérimenté, j'étais habitué à ce type d'échange en queue de poisson. En travail de rue, ce n'est pas nous qui allons à la rencontre de l'autre, c'est l'autre qui vient vers nous. C'est une façon de reconnaître le plein potentiel et l'autonomie de la personne, une fois qu'un lien a été créé. Donc, il n'est pas rare qu'une personne nous demande une rencontre en décidant, à la dernière minute, de l'annuler ou carrément d'oublier qu'elle avait demandé un rendez-vous. Ce type de revirement pourrait survenir à tout moment, particulièrement avec des personnes avec qui les liens sont pourtant très solides. Étant habitué à vivre ce type de situation où les gens ne se présentent pas à une rencontre qu'ils avaient pourtant sollicitée ou encore à écouter des propos décousus, je la laissais se raconter en respectant son rythme. Toutefois, cette jeune fille m'inquiétait et je me demandais si ma façon d'intervenir auprès d'elle était la bonne. Une partie de moi se sentait utilisée, ce qui va de soi si on cherche à susciter un pouvoir d'agir émanant de la personne. Il est possible, dans ce contexte, d'accepter de devenir un instrument, voire un objet qui sera manipulé pour que l'autre puisse cheminer dans la direction qu'il entend prendre. Une autre partie de moi savait que le fait simplement d'être en lien avec elle, de ne pas la rejeter, était thérapeutique en soi.

Ma superviseure clinique de l'époque, connaissant la jeune fille depuis longtemps, m'annonça, sourire aux lèvres, lors d'une rencontre professionnelle : « Tu es privilégié Louis-Vincent, tu es en train de recevoir une formation accélérée avec les personnes borderline, autrement dit des personnes ayant une hyperémotivité envahissante ! Elle va venir chercher en toi ta colère, ta tristesse, ton sentiment d'impuissance, et parfois même ton incompétence. Sache qu'il ne s'agit pas de ta souffrance, mais de la sienne. Elle veut se sentir accompagnée dans l'intensité de son histoire de vie. »

Pour me protéger de cet envahissement probable, je me suis donc mis à élaborer un cadre interactionnel plus serré dans mes échanges avec elle. J'établissais, avec elle, une durée de temps précis lors des appels téléphoniques. Lorsqu'il y avait des dérives dans nos conversations, je prenais soin de ramener les sujets importants qui étaient à l'origine de la conversation. À titre d'exemple, elle pouvait me téléphoner pour obtenir des conseils afin de bénéficier de consultations en psychothérapie. Au même moment, elle pouvait me parler de la couleur et du prix des rouges à lèvres sous prétexte qu'une couleur en particulier lui rappelait son ancien amoureux.

Cette jeune fille était une experte dans le domaine de l'intervention sociale. Elle avait acquis son expérience très tôt dans la vie parce qu'elle avait eu à témoigner d'elle, de sa condition et de son infortune à plusieurs intervenants : travailleurs sociaux, psychologues, médecins, etc. Ainsi, en disposant de ce savoir d'expérience, elle savait très bien ce que je tentais de faire. Elle voyait bien que j'essayais de me protéger et c'est alors qu'elle est passée à la vitesse supérieure.

À partir de ce moment, elle s'est mise à m'envoyer des messages texte comportant des propos suicidaires. Elle avait trouvé le moyen d'attirer mon attention en commandant l'état d'urgence. Je devais répondre immédiatement, et toutes les questions d'intervention virtuelle et des implications légales ont alors dû être abordées en équipe car je me sentais captif de ses propos.

Bien sûr, mon premier réflexe était de la rappeler immédiatement et elle répondait. Mais elle ne voulait pas parler de suicide, elle voulait me parler de tout sauf de ça. Cela avait pour effet de me tenir en haleine en me faisant travailler sur toutes les astuces possibles pour pouvoir me rassurer sur ses intentions réelles de passer à l'acte. Les intervenants sociaux rattachés à la fonction publique québécoise sont tenus d'obtenir des personnes qui nous consultent des preuves à l'effet qu'elles ne passeront pas à l'acte dans l'immédiat. Et cette jeune fille le savait très bien. J'éprouvais de l'anxiété quand je pensais à elle, j'appréhendais un appel ou un sms de sa part, sachant que ça allait me prendre temps et énergie, probablement pour rien. Mais je gardais en tête les paroles de ma superviseure : « L'important est de rester en lien avec elle » et « Tu es en train de te former, d'apprendre à mettre des limites claires avec la personne et de départager ce qui t'appartient de ce qui lui appartient ».

Après quelques mois, j'ai commencé à être désensibilisé d'une certaine manière et mes interventions devinrent presque automatiques. La jeune fille s'exprima une fois sur ma nouvelle attitude : « On dirait que tu es trop calme, ta voix a changé, on dirait que je parle à un vieil homme. » Ma phrase clé, que je faisais tourner sans arrêt, était la suivante : « Dès que tu m'écris ou me parles de suicide, je n'ai plus d'attention pour autre chose, il n'y a plus d'espace pour tes autres préoccupations. Tu sais que je dois m'assurer que tu ne passeras pas à l'acte à chaque fois. » Elle réagissait en changeant de sujet.

Une autre chose que ma superviseure m'avait dite dès les débuts, c'était qu'il y avait toujours possibilité qu'elle passe à l'acte. Si je devais appeler les secours parce que j'avais un doute qu'elle se suicide de façon imminente, alors je remettais la responsabilité entre leurs mains. Et c'est ce qui s'est passé au bout du compte, après un appel téléphonique où j'ai dû raccrocher parce que j'avais une rencontre avec un autre jeune : elle m'envoya une série de textos suicidaires dans la soirée, alors que mon portable de travail était fermé. Le lendemain en le remettant en marche, j'ai découvert des messages qui, pour la première fois, comportaient un véritable plan suicidaire. J'ai alors décidé d'appeler les autorités, parce que j'étais inquiet, mais surtout pour envoyer le message à cette jeune fille que ses propos seraient toujours pris au sérieux et que nous allions faire tout ce qu'il fallait pour qu'elle vive.

Ce fut la dernière intervention de la sorte avec elle, mais aussi une des dernières fois que je lui ai parlé. Elle a changé de quartier et est donc desservie par un autre centre de services de santé. Cela étant dit, je sais que sa souffrance demeure, qu'elle n'a presque personne de significatif dans sa vie et que la possibilité qu'elle se suicide un jour demeura toujours une éventualité. Accompagner des personnes qui souffrent quotidiennement d'un manque d'amour profond, de reconnaissance, et qui font tout pour attirer l'attention fait partie intégrante de l'intervention en santé mentale. J'ai appris énormément de cette expérience, j'en suis ressorti plus solide, mais je reste toujours touché par les causes de la souffrance psychique de cette jeune fille et ce qu'elle doit endurer tous les jours. Mais j'ai l'espoir qu'elle trouve sa place, et tant que j'ai cela en tête, je crois être au bon endroit en intervention.

Silence, parole et passage à l'acte

LYSE LATRAVERSE
Psychologue clinicienne, Montréal, Québec.

Lorsque j'ai terminé mes études en psychologie à la fin des années 1970, au Québec, la question du suicide ne figurait pas de manière formelle dans le cursus académique des futurs cliniciens. Ce sujet était abordé relativement brièvement. Après avoir terminé mon diplôme de deuxième cycle, comme beaucoup de cliniciens j'ai continué ma formation de façon autonome auprès d'organismes privés. Entre autres formations, celle donnée par le groupe Suicide action de Montréal m'a procuré des outils de base pour faire face à cette éventualité pouvant s'exprimer en clinique.

Il me revient trois dimensions importantes apprises lors de cette formation. Premièrement, au plan légal, lorsque nous devons faire face à une personne qui évoque des intentions suicidaires imminentes, nous sommes tenus de l'informer que nous allons alerter des membres de sa famille ou des proches pour la protéger. C'est le seul moment où nous pouvons sortir du secret professionnel. Deuxièmement, au plan thérapeutique, nous avions comme consigne d'explorer plus en profondeur les intentions funestes de la personne. Entre autres, il s'agissait d'aller à la découverte du plan de disparition de cette personne. Il importe, ici, de démystifier la peur irrationnelle qui amène à croire que de parler ouvertement du suicide avec une personne pourrait être dangereux et l'amener dans un agir suicidaire. En fait, c'est tout le contraire. Les personnes qui ont des intentions suicidaires sont souvent honteuses de leur vécu ; de plus, le suicide est un sujet tabou. Dès les premières rencontres, je m'enquiers de leurs vécus à ce sujet. Troisièmement, au plan médical, nous avons la possibilité de communiquer avec le médecin (soignant) de la personne pour obtenir de sa part une attention médicale pouvant se traduire par des consultations, un traitement chimique, voire un enfermement en psychiatrie – ce qui était un scénario possible au tout début de ma pratique en tant que clinicienne. En revanche, depuis plusieurs années, je constate que les soins de santé, notamment psychiatriques, sont déficients en ce qui concerne la prise en charge de personnes suicidaires.

Depuis que je pratique, il m'est souvent arrivé de côtoyer des personnes, en clinique et hors de la clinique, ayant des idées suicidaires. Des personnes qui, ouvertement, témoignaient vouloir en finir. Des personnes qui, sur de longues périodes de temps, évoquaient et évoquent encore, pour certaines, l'incontournable nécessité de se battre contre l'idée de se tuer mais dont le désir de vivre se révélait être plus fort que tout. Avec du recul, je pense être capable d'affirmer qu'une personne qui exprime son intention d'en finir peut trouver dans cette communication une atténuation de sa souffrance à être au monde. En cours de thérapie, cette personne pourra redonner du sens à sa vie et obtenir, de ce fait, une meilleure connaissance de cette souffrance qui la pousse à vouloir fuir le monde des vivants. Ce qui procure très souvent une meilleure prise de contrôle sur sa vie. Mais plus que tout et bien au-delà de la thérapie, il faut se garder de s'isoler, de rester seul avec cette souffrance. Pouvoir la partager longuement dans un rapport de confiance peut permettre de la traverser. Il y a tout un monde entre avoir des idées suicidaires et le brutal passage à l'acte.

Le suicide est le geste ultime pour mettre fin à ses souffrances. Il y a plusieurs sources possibles de souffrance qui sont à l'origine du désir de mort. Dans ma pratique, j'ai vu que le choc causé par une rupture amoureuse subite peut créer momentanément une douleur insurmontable et provoquer un suicide impulsif chez des gens qui n'avaient pas de profil suicidaire. Ainsi, une femme qui découvre fortuitement que son mari la trompe avec sa meilleure amie ou encore la fin d'une union de longue durée qui se termine abruptement sont, à titre d'exemple, deux événements pouvant susciter l'impulsion de vouloir disparaître. Dans un autre registre, il y a aussi la perte d'un emploi. Au tout début des années 2000, la multinationale General Motors de Sainte-Thérèse, en banlieue nord de Montréal, annonçait la fermeture de son usine. Plus de 1 000 employés se sont retrouvés au chômage. Une cellule de crise psychosociale s'est alors constituée. En tant que psychologue, je suis allée sur place. L'atmosphère était d'une lourdeur incroyable. Le désespoir, particulièrement pour les employés n'ayant que peu d'années de service, était total. Le lien unissant ces deux types d'événements – la rupture amoureuse et le chômage – réside dans le fait que ces chambardements violents ne sont pas choisis mais imposés de l'extérieur de soi, troublant ainsi profondément l'identité de la personne. C'est en cela qu'ils la fragilisent.

En un peu plus de trente années de pratique clinique, je n'ai jamais eu de clients[1] en démarche avec moi qui ont mis fin à leurs jours en cours de leur thérapie. Néanmoins, au tout début de ma pratique de clinicienne dans le réseau de la santé et des services sociaux du Québec, un jour, un homme est venu en explorateur. Après une demi-heure de conversation, il est parti en coup de vent malgré mon insistance pour qu'il reste. Il était hagard et avait de la difficulté à s'exprimer. Tout se bousculait dans sa tête. Il souffrait profondément, sa conjointe venait de le mettre à la porte après plusieurs années de mariage. Le lendemain, j'apprenais qu'il était allé se pendre dans un parc durant l'après-midi qui avait suivi notre rencontre. Avec le recul, je me dis qu'il était en état de choc et sur le point de passer à l'acte. Rien, je crois, n'aurait pu freiner son élan funeste. Lors de cette rencontre, il régnait une atmosphère dense et lourde dans mon cabinet, d'une qualité très particulière, qu'on ressent rarement durant une séance.

Ce que je retiens de cette expérience clinique, c'est le sentiment que quelque chose de très profond et de grave se dessinait sans que je sois capable de bien expliquer et comprendre ce qui se passait. Cela n'était pas du domaine de la raison, de l'analyse, de l'expérience professionnelle ou du jugement. C'était, je pense, du côté de l'intuition et du senti. À l'annonce de son suicide le lendemain, j'ai éprouvé beaucoup de tristesse et de regrets à l'égard de la souffrance de cet homme et de son geste de désespoir sans pour autant ressentir de la culpabilité ou encore être envahie de remords qui auraient pu me faire douter de mes compétences de clinicienne. Lors de cette très brève séance, je voulais l'aider, mais ce qu'il vivait était trop difficile pour lui. Il était trop démoli pour accepter de l'aide, trop absent en lui-même. Pour obtenir de l'aide, il faut, dans une certaine mesure, avoir la force de s'exprimer pour espérer avoir l'appui d'autrui. En fait, son geste était difficilement prévisible.

À cette époque, nous ne sommes pas revenus sur cet événement en équipe. On en parlait, mais sans aller au fond des choses car notre attention était avant tout dirigée vers les vivants et les survivants. Or, dans le cas de cet homme, nous n'avions aucune information précise sur son réseau social, ses proches ou ses amis. C'est sans doute pour cette raison que nous n'avons pas approfondi cet événement. Était-ce une erreur de notre part ?

S'il y a des personnes qui planifient leur mort, d'autres, comme ce fut le cas de cet homme, vont commettre ce geste de manière impulsive, sans avertissement, sans crier gare, en secret.

Durant la même année, une cliente que j'ai rencontrée une dizaine de fois se plaignait fréquemment d'intenses maux de tête et ce, dès les premières séances. J'insistais pour qu'elle aille consulter un médecin rapidement, mais au début elle minimisait ses maux de tête arrivés soudainement. Elle préférait attendre que le mal se dissipe naturellement. Finalement, le processus médical s'est enclenché, à mon grand soulagement, malgré le fait que les rendez-vous médicaux étaient assez espacés dans le temps.

Nos entrevues étaient très particulières. Elle avait besoin de me raconter tout ce qu'elle avait fait de mal dans sa vie. Je me sentais comme un prêtre écoutant des confessions. Souvent, elle revenait sur son rôle de mère négligente à l'égard de son fils. Pendant les entrevues, il y avait, à ma grande surprise, le même type d'atmosphère que j'avais ressentie avec l'homme qui s'était suicidé par pendaison dans un parc. Mais là, j'étais dans un état de vigilance, je sentais qu'il y avait quelque chose de grave, mais je ne savais pas quoi au juste. J'insistais énormément pour qu'elle avance les dates de ses rendez-vous médicaux, qu'elle banalisait.

Un sentiment d'urgence, une atmosphère dense et intense s'installaient tranquillement d'une séance à l'autre. Pourtant, elle n'était pas suicidaire. Elle avait un fils de 15 ans qu'elle aimait beaucoup, même si elle témoignait de son inadéquation en tant que mère. Un jour, elle ne s'est pas présentée à son rendez-vous. J'ai laissé un message sur sa boîte vocale pour connaître les motifs de son absence. En fin de journée, son fils m'a téléphoné pour m'apprendre que sa mère était décédée. Foudroyée par une rupture d'anévrisme. Le point commun entre cette femme et l'homme qui s'était donné la mort réside dans le fait que lors de leurs séances, l'atmosphère était semblable. La mort annoncée rôdait, si je puis dire, dans les deux situations. Dans son empressement à tout me dire, à confesser ses fautes, peut-être cette femme cherchait-elle, inconsciemment, à se délivrer d'un poids avant de partir ; alors que l'homme, aussi dans un état de grande urgence, était incapable de demander de l'aide.

Quelques années plus tard, un de mes clients a commis plusieurs tentatives de suicide dans le même mois sans pour autant mourir de cette façon. Sa méthode consistait à surconsommer massivement alcool et médicaments. Lors de cette série d'épreuves, ses amis l'ont supporté de façon exceptionnelle pendant des semaines et c'est cela qui, je crois, lui a sauvé la vie. Mais il est rare qu'on retrouve ce genre d'entraide dans la vie de tous les jours.

Dans bien des cas où des personnes ont des idées suicidaires persistantes, l'entourage s'épuise, se décourage et se décharge de cette trop lourde charge. Toutefois, cet homme disposait d'un solide réseau social sur lequel il pouvait s'appuyer. Ses amis se relayaient, la nuit comme le jour, pour prendre soin de lui. Au fil du temps, après plusieurs demandes d'aide dans différents hôpitaux de la métropole, qui se sont révélées infructueuses, il a finalement trouvé du support dans une clinique privée spécialisée pour les personnes souffrant d'état limite. Une équipe importante y était rassemblée : psychiatres, psychologues, infirmières, médecins, éducateurs et autres professionnels de la santé. Bénéficiant de soins intensifs pendant plus d'un an, ses intentions de se donner la mort se sont dissipées.

Avec le temps, j'ai découvert qu'il m'était pratiquement impossible de prévoir, hors de tout doute, un passage à l'acte éventuel lorsqu'une personne se retrouve dans mon cabinet. Même en percevant un danger dans les mots évoqués, on ne peut empêcher toutes les éventualités. Il arrive, occasionnellement, que des personnes témoignent sans détour de leur intention d'en finir. Il y a des clients qui arrivent avec des demandes claires de les empêcher de se tuer. Il s'agit alors de les écouter.

Les personnes qui imaginent poser ce geste peuvent planifier soigneusement leur départ, alors que d'autres agiront sous le coup de l'impulsivité. Ceux qui sont dans une démarche de planification de leur mort vont tout mettre en œuvre pour camoufler leur plan funeste dans le but de ne pas éveiller de soupçons. Ils envisagent la façon dont ils se donneront la mort, lisent sur le sujet, imaginent les lieux et peuvent éventuellement faire du repérage. Ils prennent soin de choisir le moyen le plus efficace pour se donner la mort, même si parfois ils risquent de ne pas y arriver.

Or, les patients qui évoquent verbalement ce désir d'en finir ne sont pas tous dans l'imminence d'un passage à l'acte. Plusieurs sont à la recherche d'une écoute. Ils veulent surtout comprendre leur souffrance dans l'espoir qu'elle s'amenuise. Ils vivent et veulent vivre, mais ne sont pas en mesure de savoir comment se raccrocher à la vie, comment composer avec la souffrance qui les assaille. C'est la raison de leur appel à l'aide. Lorsqu'ils déclarent « je veux en finir, c'est est assez, je vais partir », ce sont des demandes d'aide explicites qu'il faut entendre, pour ensuite être capable d'approfondir le sens qu'ils donnent à leur mal de vivre. Vouloir se tuer n'est pas la solution. Raconter son désir de mettre fin à ses jours en psychothérapie est une partie de la solution. En fait, c'est une amorce pour aller en profondeur dans cette souffrance et ce n'est qu'à partir de ce moment que le travail thérapeutique peut commencer.

Il y a également les autres, ceux qui sous le coup de l'impulsion se donneront la mort parce que le désir de quitter la vie, comme pour les premiers d'ailleurs, résulte d'un choc subit causant une souffrance intolérable. Toutefois, il y a une distinction. Ceux qui décident impulsivement de se tuer sont confrontés à une forme de souffrance qui culmine en très peu de temps. C'est l'expérience d'un désespoir profond que rien sur cette terre ne pourra soulager. Mais à la différence des premiers, cette souffrance insupportable et indicible surgit sans avertissement. Dans ce dernier cas, il n'y aura aucune mise en alerte possible. Tout semble se dérouler normalement et d'un coup, c'est la mise à mort.

Lorsqu'une personne ne ressent plus rien, qu'elle perd cette sensibilité qui la rattache au monde et qu'elle n'a plus accès à soi, c'est sans doute le signe le plus manifeste qu'elle pourra tenter de mettre fin à ses jours. L'absence de sensation de soi, voire une forme de dissociation, est une souffrance des plus terribles. Cette perte sensorielle de soi n'est pas toujours repérable en clinique car l'être qui s'absente de soi n'en est pas toujours conscient. Et c'est là tout le défi de notre pratique. Tenter de le signifier, lorsque cela se perçoit.

Résumé

Ce texte porte sur une expérience de plus de trente-cinq ans en tant que psychologue en cabinet privé. Mon regard est ici dirigé vers des personnes ayant manifesté, en clinique, le désir de se tuer. Je relate aussi le cas d'un patient qui a réalisé un passage à l'acte.

J'y témoigne d'une série de vécus différents autour de l'idéation suicidaire, du suicide et de la mort. J'insiste sur la nécessité, en psychothérapie, d'entrevoir ce lieu comme étant un espace privilégié pour aborder, en profondeur, les intentions de se donner la mort d'une personne en grande souffrance. Je pense être capable d'affirmer que la communication de sa souffrance est l'élément-clé d'une possible compréhension de celle-ci. Bien que l'on puisse faire certains recoupements entre les personnes qui disent vouloir se tuer ou d'autres qui posent le geste, on ne peut généraliser car nous sommes tous des cas d'exception.

Mots-clés

Suicide, souffrance, psychothérapie, mort, idées suicidaires.

Note

1. Dans le cadre de ma pratique et plus spécifiquement en ce qui concerne mon approche, en l'occurrence l'abandon corporel, le terme « client » est employé pour désigner la personne qui vient en consultation. On nomme également cette personne « co-chercheur ».

Le négatif et le positif

ROBERT BASTIEN
Chargé de cours, université du Québec à Montréal, professeur adjoint de clinique, École de santé publique, université de Montréal.

ISABELLE PERREAULT
Professeure agrégée, département de criminologie, université d'Ottawa.
Avec la collaboration de Monique Besse

Mise en contexte

D'après l'OMS, il y aurait annuellement environ 800 000 suicides par an dans le monde[1]. En ce qui concerne les tentatives de suicide, leur nombre pourrait se situer entre 10 et 16 millions[2]. Ces nombres sont à multiplier par dix en ce qui concerne l'entourage proche de ceux qui se donnent la mort ou tentent de le faire : conjoints, enfants, grands amis, familles proches (gouvernement du Canada[3]). Enfin, selon d'autres sources, il faudrait encore multiplier par 100 les personnes qui, même éloignées, pourraient être secouées, à des degrés sans doute moindres, par la tragédie de l'auto-finitude. On pense ici, toujours selon les données sur le suicide du gouvernement du Canada et d'associations militant contre les ravages de l'autodestruction de soi, aux collègues de travail, aux amis, aux intervenants, aux soignants.

Nous présumons, sans trop de risque de se tromper, que nous fûmes tous et toutes affectés, directement ou indirectement, par le suicide ou une tentative de suicide d'un proche, d'une connaissance, d'un patient. Et si ce n'est pas le cas, nous risquerons de l'être, un jour ou l'autre. Et pour la majorité d'entre nous, nous resterons sans mots. Nous esquiverons peut-être le sujet, souvent à cause d'un profond malaise. Sans nécessairement chercher à oublier, nous tenterons de ranger cet épisode dans une petite boîte que nous ne chercherons pas à ouvrir. Notre attention se portera dans ce texte sur les survivants, et sur les victimes collatérales du drame.

Les écrits se rapportant à ceux qui reviennent à la vie ne sont pas légion[4]. Sans doute que ces récits de l'intime sont trop intimidants. Quant aux proches, ils sont tellement accablés qu'ils sont loin de penser à écrire. Certains seront même dans l'incapacité d'offrir du réconfort ou de la tendresse à l'égard de l'être qui aura tenté de se tuer, dont les plus proches. Le déni ou la culpabilité pourraient expliquer en partie ces conduites. Sous un autre angle, nous pensons ici aux professionnels du social et de la santé qui ont, dans l'après-coup, à accompagner ces personnes. Comment s'y prennent-ils, comment les entrevoient-ils ? L'expression répétée d'idées suicidaires engendre-t-elle chez eux de l'épuisement ? Sont-ils trop obsédés par la crainte de la récidive ? Sont-ils influencés à leur insu par l'histoire de la réprobation du geste suicidaire qui a marqué plusieurs siècles de notre histoire ?

Par l'entremise d'un bref tour d'horizon de la littérature, nous esquisserons quelques explications pouvant illustrer l'existence de certaines lacunes philosophiques et anthropologiques, d'une part, à l'égard du meurtre de soi et, d'autre part, à l'égard du sentiment de honte, de faiblesse et de culpabilité qui affecte, après coup, ceux et celles qui auront été rescapés de l'autodestruction.

Repères historiques et moraux pour expliquer le sentiment de honte de soi après une tentative de suicide

En tout premier lieu, il faut savoir que la décriminalisation de la tentative de suicide au Canada s'est effectuée en 1972[5]. Imaginons, un seul instant, comment pouvait s'éprouver une personne qui revenait à la vie en 1960 et recevait pour son *crime* une peine d'emprisonnement par la cour ? Outre le sentiment de honte que cette personne pouvait ressentir après coup, il y avait également l'épreuve d'avoir commis un péché si cette personne était chrétienne. Au final, elle savait qu'elle devrait faire face à la justice en cas d'échec de sa propre mise à mort et, ultimement, subir une sanction pénale[6]. Ce n'est pas sans rappeler l'époque de la Nouvelle-France, au cours de laquelle les suicidés étaient punis par la loi et l'Église catholique, qui voyaient dans ces gestes, le suicide ou sa tentative, un crime odieux contre l'Église catholique (lèse-majesté et lèse-divinité). Cellard et coll. (2013) donnent deux exemples de punition sur des corps morts par suicide au XVIIIe siècle. Dans le premier cas, un suicidé s'est vu privé de sépulture. Dans le second cas, une femme décédée de la même manière fut traînée derrière d'une charrette, attachée par les pieds, avant d'être déposée dans un fossé, elle aussi sans sépulture. Avant que le suicide ne soit décriminalisé en France (et avant 1759 en Nouvelle-France) à la fin du XVIIIe siècle, le suicidé lui-même risquait avant 1791, si l'on n'obtenait pas une preuve formelle de démence, de subir des peines juridiques et des châtiments corporels sur son cadavre (Kampolsky, 2017). Sous le régime britannique au Canada, le crime de *felo de se* sera maintenu jusqu'aux années 1820. Cette pénalisation du geste suicidaire a des implications non seulement symboliques mais également matérielles, puisque les biens du suicidé étaient confisqués par l'État. Tranquillement, la question de l'état d'esprit au moment du passage à l'acte permettra une déresponsabilisation de la criminalité de l'acte. À compter du dernier tiers du XXe siècle, le suicide, à tout le moins au Québec mais aussi en Europe, migre définitivement des niches régulatrices de l'Église et du judiciaire vers celles de la thérapeutique, de la médecine et de la psychiatrie (Cellard et coll., 2013 ; Yampolski, 2017 ; Caillé, 2008) et plus récemment de la génétique.

Encore aujourd'hui, les conséquences de cette histoire liant le suicide à un crime et à un péché sont perceptibles dans l'imaginaire. Ceux qui survivent au suicide devront, pour un certain temps, vivre seuls dans leur coin, la plupart du temps sous traitement psychiatrique, occasionnellement par l'internement mais surtout par la médication. Cela non pas parce qu'ils seront mis à l'écart de la société parce qu'ils font peur, mais bien parce qu'ils s'éprouveront comme des personnes *malades mentales* ayant failli dévaster la vie des autres par la nature de leur geste soi-disant égoïste. Pour le dire en d'autres mots, ils pourraient se retrouver devant l'inassumable de leur geste après coup. On leur rappellera, sans leur dire de manière directe, qu'ils ont presque commis l'irréparable. Ce qui pourrait être l'origine du sentiment de honte chez ceux qui reviennent de loin, à cause de leur geste d'autodestruction et du silence d'un soi coupable, victime de lui-même.

L'anthropologue Gilles Bibeau, se référant à Agamben[7], apporte un éclairage intéressant au sujet de l'épreuve de la honte. « Avoir honte signifie être livré à l'inassumable. Mais cet inassumable n'est pas une chose extérieure, il provient au contraire de l'intimité même, il est ce qu'il y a en nous de plus intime. »

Pour donner un peu plus de poids à l'hypothèse de la honte qu'un suicidé pourra vivre s'il advenait qu'il revienne à la vie, Bibeau, sans pour autant parler des revenants, explore l'existence d'un « tout positif » de la condition humaine dans ce que, parallèlement, Rosa (2014) nomme la modernité tardive[8]. C'est-à-dire une modernité qui, comme jamais auparavant dans l'histoire du monde, transforme dans des accélérations sans précédent les rapports entre les êtres humains, tant au plan social et technique qu'au plan du rapport intime à soi. Un monde, autrement dit, qui requiert des niveaux de performance de soi jamais égalés, se caractérisant par une aliénation de soi qui, même sans pression aucune venant se poser sur soi, nous pousse à penser devoir toujours en faire plus, présumant que c'est de cette façon qu'il faut être dans le monde. Comme le suggère Rosa (2014), ceux qui résistent à cette logique de performance extrême de soi seront rapidement mis en situation d'échec et exclus. Ceux qui y resteront seront admirés jusqu'au jour où ils tomberont, par épuisement ou par la mort, dans l'oubli.

Bibeau (2009) dénonce, lui, le discours de l'aspiration au positif, voire de l'idéologie du « tout positif », arguant que ce discours serait « la concrétisation actuelle de l'élimination du négatif ». Or, c'est justement de cette façon que certaines religions considèrent encore que le suicide serait un geste négatif qui, sans pour autant être un péché mortel mais désormais véniel, serait en opposition au positif, à la vie. Le « tout positif en tant [qu'illusion] qu'idéologie consiste à faire croire qu'aujourd'hui le bien (positif) l'a emporté sur le mal (négatif) ». Toujours selon Bibeau, cette utopie du positif, dans presque toutes les sphères de l'activité humaine et sociale, engendrerait « un effet d'effacement de la face sombre et [absurde] de la condition humaine par l'imposition d'un silence ».

En reprenant la célèbre phrase de Camus, « Il n'y a qu'un problème philosophique vraiment sérieux : c'est le suicide[9] », Bibeau pose son regard sur nos conduites et plus spécifiquement sur nos comportements d'autodestruction (2012, p. 257) parce qu'ils forcent « à nous interroger sur ce qui fait la profondeur de l'homme, sur l'ambiguïté qui le marque, sur les contradictions qui le constituent, jeté qu'il est entre vie et mort, entre le positif et le négatif ». L'anthropologue insiste pour réinscrire la « face sombre » de la condition humaine dans une théorisation du sens de la vie, comme l'autodestruction sous toutes ses formes et dans toutes les conduites extrêmes, pour mieux appréhender nos façons « de penser, d'étudier et de prévenir le suicide ».

De l'avis de Bibeau, et si nous comprenons bien ses propositions de nature conceptuelle, le défi actuel, en ce qui concerne le suicide, consisterait à devoir « apprendre à penser ensemble le mal avec le bien ». C'est-à-dire penser le négatif et le positif en simultanéité et de manière amalgamée, les diverses manières d'entrevoir la condition humaine. Ce qui impliquerait un croisement non hiérarchisé des sciences humaines et sociales, de la biologie, de la génétique et de la clinique. La raison qui expliquerait cette nécessité s'avère que nous ne disposons pas de réponses définitives autour de la question du suicide et surtout du passage à l'acte. En fait, ce que Bibeau cherche à impulser, c'est l'apposition d'un soupçon sur ce qui semble être positif, sur ce qui semble bien aller[10]. Or, il appert que cette façon de repenser la question du suicide, tant au niveau de la recherche que de la prévention qui s'effectue sur le terrain, semble se heurter à un mur, celui d'une impossible transdisciplinarité (Lesage et coll., 2012*)*, là où les institutions, de par leur rigidité et leur lourdeur technocratique, empêcheraient cette concrétisation. Parce que le financement, à titre d'exemple, de la recherche sur ce désir de quitter le monde des vivants, à tout le moins au Québec, favoriserait davantage le biomédical et la génétique au détriment de l'apport des sciences humaines et sociales.

Une autre explication, cette fois-ci découlant des concepts du don et du contre-don inspirés par Marcel Mauss, voudrait que la logique compétitive interdisciplinaire, disons entre la philosophie, la psychiatrie et la génétique, pourrait être abolie si l'on acceptait d'entrevoir la question du suicide non pas comme un domaine réservé à l'une ou l'autre de ces disciplines, mais bien comme un problème, voire une question, qui réclamerait un souci du don. Le don étant vu, ici, comme un opérateur d'alliance entre le biologique, la psyché, la condition humaine et le social (Caillé, 2008). En suivant Camus, pour qui il n'y a pas de réponse claire pouvant éclairer ce geste, ne vaudrait-il pas mieux, par l'intermédiaire de l'altérité, du don et du contre-don, délaisser la course aux savoirs-vérités sur le suicide ?

Toujours en lien avec le don et le contre-don, Isabelle Marin (2008), cancérologue, offre peut-être une façon de penser autrement cette confession du désir d'en finir[11]. Elle raconte comment, à partir du regard anthropologique, des patients entrevoient les traitements en milieu hospitalier. Le contre-don, du côté du soin, s'incarne dans le traitement, qu'il s'agisse de médicaments, de chimiothérapie ou de radiothérapie. Or, lorsqu'un médecin évalue que ce traitement ne portera pas les fruits escomptés, ce choix, comme le relève Isabelle Marin (2008, p. 405), risque de décevoir le patient, et ce, même si le médecin l'informe des risques importants d'effets secondaires ou qu'aucune guérison n'est possible. Du côté du patient, on pourrait bien se demander ce qu'il offre en retour. Pour l'illustrer, Isabelle Marin (2008, p. 407) décrit cette scène : « Une malade porteuse de cancer et sous chimiothérapie aborde une nouvelle infirmière après les présentations : "Ah, cela tombe bien, j'ai un cadeau pour vous." L'infirmière, alléchée, demande : "Quel cadeau ?" [Et la patiente de répondre] "Mais mon cancer, voyons." » Considérant que la médecine refuse l'échec et toute confrontation à son impuissance, le médecin pourrait être tenté de se dire « Je dois (quand même) lui donner quelque chose ».

Ce qu'Isabelle Marin tente de nous dire en se fondant sur sa pratique et en l'analysant à partir d'un regard anthropologique et humaniste, c'est que le rapport patient-médecin (ou psychologue) pourrait très bien s'envisager par l'intermédiaire du don comme modalité d'échange : ce que donne le patient, en l'occurrence un corps malade ou une souffrance, et, en contrepartie, des soins. Or, pour bien saisir le sens du don comme modalité d'échange, il est nécessaire d'entrevoir l'être humain comme étant, en premier lieu, relationnel et social, c'est-à-dire une personne qui ne cherche pas nécessairement à obtenir des gains. Comment est-il possible de transposer la lecture qu'Isabelle Marin fait de sa pratique de cancérologue au domaine du suicide et des tentatives de suicide, tant du côté de la prévention que du côté du soin ? On pourrait se demander si l'aveu de vouloir en finir serait un don de soi à l'autre. Une sorte de don empoisonné qui aurait le potentiel de confronter les limites du soin ? En contrepartie, qu'est-ce que le soignant offre à cette personne : un antidépresseur serait-il le contre-don à la souffrance de l'autre en présumant que la dépression n'est pas toujours en cause dans un désir de passer à l'acte ?

Des risques de l'usage de la prévention du suicide et de l'accueil des revenants

La prévention du suicide à l'échelle de plusieurs nations transite par les autorités de santé publique à partir d'orientations épidémiologiques provenant de l'Organisation mondiale de la santé (OMS), alors que l'étiologie de cette *déviance* est majoritairement expliquée par la médecine, la psychiatrie et la génétique. C'est bien là la démonstration pratique et entièrement réussie de la migration de ce mal (les conduites suicidaires) vers la médecine et par la suite vers l'hygiène publique au XXe siècle. Rappelons, à ce titre, qu'il est fréquent de retrouver le mot « fléau » dans la littérature lorsqu'on évoque le thème du suicide à l'échelle mondiale : un *fléau* qu'il faut combattre au même titre que n'importe quelle autre maladie. Mais le suicide, est-ce bien un problème spécifique de santé publique ? C'est-à-dire un problème comme, par exemple, le cancer, la grippe, le tabagisme, Ebola, l'obésité et le sida, où les étiologies[12] en la matière seraient bien maîtrisées de même que les modes de propagation.

Lorsqu'on porte son regard du côté de l'anthropologie et de la philosophie, on se rend bien compte que le désir de mettre fin à ses jours demeure une question entièrement ouverte, non définitive et, pour reprendre des termes médicaux, idiopathique, autrement dit un mal (être) qu'on éprouve pour soi-même. La littérature au sujet de la prévention du suicide nous montre que ce « drame », le suicide ou la tentative de suicide, engendre d'importants dommages collatéraux. On pourrait dès lors avancer l'hypothèse que c'est la part du tragique[13] de ce geste dévastateur qui expliquerait la localisation du suicide dans la niche de la santé publique. Ainsi la question ne serait pas de savoir s'il est possible de prévenir le suicide, mais plutôt s'il est plausible que notre façon de vouloir prévenir le suicide comporte une part de zone d'ombre pour ceux qui veulent mettre fin à leur vie et les proches.

Dans un article de 2014, Deborah Lupton[14] s'est intéressée aux campagnes médiatiques de prévention et de promotion de la santé à partir d'un regard critique. Plus spécifiquement, elle a porté son attention du côté des messages médiatiques visant à changer des comportements jugés néfastes pour la santé. Selon l'auteure, certaines campagnes de prévention usent du *dégoût* pour insuffler des modifications comportementales. Deborah Lupton décrit et analyse l'usage du dégoût en prévention à partir de trois angles : éthique, moral et politique. Elle s'attarde surtout aux effets délétères de ces pratiques, entre autres aux stigmates sociaux et aux risques de discrimination pour des populations directement concernées par ces campagnes de prévention, des personnes qui, pour une multitude de raisons, ne pourraient se conformer aux diktats de la santé *positive*. Elle évoque une campagne de lutte contre l'obésité où l'on voit un homme en surpoids ouvrir une porte de réfrigérateur, avec une voix off qui décrit les méfaits de l'obésité pour l'organisme, images à l'appui d'un système digestif mal en point. Elle donne aussi en exemple des campagnes contre le tabac où ce même script du dégoût est employé pour susciter des prises de conscience par l'entremise d'images choc : artères bouchées, poumons dégradés par le goudron, bouches et langues, en gros plan, affectées par le cancer. Pour étayer sa thèse sur les effets pervers et discriminants de l'usage du dégoût, elle évoque des dérives possibles en arguant que ces stratégies de communication visant des changements de comportements de santé peuvent directement se retourner contre les personnes. Des personnes qui seront symboliquement transformées en acteurs de leurs propres problèmes (la cause de leurs maux). Prenons pour exemple cette mise en garde sur des paquets de cigarettes : « J'avais 48 ans quand j'ai appris que je souffrais du cancer de la gorge. On m'a retiré les cordes vocales. Depuis, je respire par un trou dans la gorge[15]. » Comme l'affirme Deborah Lupton, l'usage du dégoût dans certaines campagnes de prévention cherche à engendrer une prise de conscience émotionnelle et individuelle.

En jouant sur le registre des émotions, ce type de campagne a pour effet de capturer de manière *totalitaire* l'audience – incluant les personnes à risque – en la sidérant et en divisant en deux le corps social : ceux qui ont de saines habitudes et ceux qui ont des habitudes malsaines qu'ils persistent à entretenir malgré tout. On pourrait dès lors conclure que ces campagnes fonctionnent, justement parce qu'elles atteignent leur but : susciter la peur d'un soi inadéquat par la répulsion. Or, en s'appuyant sur des recherches critiques à l'égard de l'usage du dégoût dans le champ préventif, il est mis en évidence que ce type de pratique peut aussi concourir à renforcer les préjugés, la bigoterie et la marginalisation. C'est ainsi que des personnes pourront s'isoler ou encore conclure au désaveu de leur propre corps, de leur propre condition humaine. Ce processus, toujours selon Deborah Lupton, pourrait conduire des personnes à se considérer comme déviantes. Pensons aux fumeurs, s'exposant de manière délibérée à ce facteur de risque, qui développeraient malencontreusement un cancer du poumon, de la langue, de la gorge, etc. Inévitablement, ils ne pourront que se blâmer eux-mêmes pour leur faute et leur échec de n'avoir pu se conformer aux régimes de la santé positive. Enfin, derrière les campagnes de prévention axées sur le dégoût se profile l'idée que l'utopie, au sens d'une propagande – avant que cette expression n'entre dans une catégorie négative –, de la santé publique serait de produire des citoyens autodisciplinés, *dociles* aux savoirs et aux normes émanant de cette institution.

Par ce détour du côté de l'usage du dégoût en prévention, nous voulons mettre en lumière les possibles effets délétères des préventionnistes au plan social et individuel. La prévention du suicide peut-elle, elle aussi, avoir des effets préjudiciables au plan social et individuel chez ceux qui veulent en finir ? Il s'agit là d'une question très sensible mais qui mérite qu'on s'y attarde avec une grande délicatesse. Autrement dit, une question ouverte pour la recherche et la pratique.

Rappelons une fois de plus que la prévention du suicide est sous l'influence de la médecine, de la psychiatrie, de la génétique et de la psychologie, alors que très peu de considérations philosophiques, historiques et anthropologiques sont évoquées, ce qui a pour effet de réduire amplement la question sociale et humaine à l'intention et au geste sans prendre en considération la complexité de l'être. Il est donc *normal* de découvrir que le premier facteur de risque du suicide est relié à des troubles mentaux et que les facteurs de protection transitent par des soins cliniques.

À cette domination du champ médical entourant la question du suicide s'ajoute une voix que l'on retrouve dans la majorité des campagnes de prévention et sur le terrain par des lignes d'écoute : la prise de parole et l'écoute pour rompre l'isolement, qui constitue également un facteur de risque. Mais cette prise de parole doit se faire selon des paramètres définis d'avance et la réponse est souvent la même : il y a d'autres solutions à la souffrance…

Lorsqu'on s'attarde aux facteurs de protection, on relève l'importance de maintenir des liens étroits avec la famille et les proches. Ainsi, est-il plausible d'envisager que les proches et la famille puissent ressentir un sentiment d'échec si un suicide survient alors qu'ils auront tout fait pour garder en vie l'être aimé ? Nous ne savons pas comment, après coup, les proches pourront s'éprouver. Sans doute pourront-ils ressentir une fatigue sans nom, être écrasés et dévastés sous prétexte qu'ils n'auraient rien vu venir, particulièrement dans des cas où le suicide ou la tentative de suicide n'était pas le résultat d'une judicieuse planification.

Conclusion

Revenir à la vie après avoir tenté d'en finir révèle l'ampleur du problème, de même que la complexité de la question se rapportant au désir de mettre fin à ses jours sans y parvenir. Les deux sont liés, un peu comme si les conditions post-suicidaires rappelaient que la vie est plus forte que la mort, que le positif (la vie) est, par extension, plus fort que le négatif (la mort). Le fait de *devoir vivre* avec la certitude qu'il est impossible de se tuer permet, souvent, à la vie de suivre son cours. Ce n'est pas sans rappeler la désormais célèbre phrase écrite par Stig Dagerman en 1955 : « Il me semble comprendre que le suicide est la seule preuve de la liberté humaine[16]. » Cette déclaration amène tout droit vers le mythe de Sisyphe, condamné à devoir, pour toujours, vivre sa vie sans pouvoir la fuir, telle une punition qu'imposent les dieux lorsqu'ils sont contrariés par l'affront d'un humain défiant leur pouvoir de vie, de mort et de souffrance sur terre.

L'image de Sisyphe devant pousser son rocher en le roulant vers le sommet alors qu'il retombe de son propre poids au bas de la montagne incarne l'image d'une souffrance éternelle. Or, Camus revisite ce segment de la mythologie grecque à partir de l'absurde dans son livre intitulé justement *Le mythe de Sisyphe*. Il renverse la souffrance perpétuelle qu'incarne le labeur répétitif d'un Sisyphe en laissant entrevoir que cette inexorable souffrance lui serait supportable parce qu'il n'aurait pas conscience de son geste de « travailleur de l'inutile » Comme Camus l'indique, c'est à partir du moment où « l'on sait » que la part d'ombre de sa condition se révèle. Ainsi, lorsque des idées suicidaires et des tentatives de suicide sont commentées et que l'on traite, par la suite, les survivants comme des malades, nous commettons peut-être l'erreur d'induire un savoir qui ne serait pas le bon pour soulager une détresse qui n'aurait rien à voir avec des troubles mentaux. Ce dont il faudrait s'occuper en premier lieu serait, si l'on suit Camus, de s'enquérir de la raison et de l'instant où la conscience de son état et de son être s'est manifestée dans les instants précédant la tentative.

Ceux qui reviennent à la vie après une tentative de suicide auront un énorme travail à faire en eux et auprès des autres dans l'espoir de rééquilibrer, à nouveau, l'ordre des choses. Mais ils risqueront de ne jamais y parvenir totalement. Parce que le sens profond de la vie aura été gravement altéré par le désir, un jour, de vouloir la quitter. Restaurer la confiance des proches, au présent comme au futur, en sachant qu'elle sera perpétuellement fragile, c'est à cette tâche qu'ils devront se consacrer, pour les autres mais aussi pour eux-mêmes.

C'est de cette façon, souvent, que l'on pourrait être tenté de regarder ceux qui ont cherché à quitter la vie. Et si ce n'est pas le cas, l'imaginaire collectif, qui associe suicide et faiblesse, égoïsme, lâcheté ou encore maladie, pourrait bien rappeler aux auteurs de la tentative de suicide que c'est par cette voie qu'ils devront, pour un certain temps peut-être, s'éprouver au monde. *Mea culpa*.

Cela s'effectue de manière discrète à partir d'attributs culturels, moraux et biomédicaux qui, sans nécessairement se matérialiser dans ces mots : dépressifs et malades, sont là comme un nuage gris dans l'espace social. Revenir à la vie implique que ces étiquettes, ayant la puissance de stigmates, viendront se poser en soi, dans le segment intime de l'être, pour y séjourner longtemps. Doit-on pour autant éprouver de la culpabilité face à ce geste de fuite, tout en supposant que ceux qui passent à l'acte ne pensent ni aux autres ni même à eux ? Dans certains cas, où le désir d'en finir se manifeste de manière spontanée et impulsive, ce n'est pas l'intégralité de l'être qui agit, c'est essentiellement la part animale de l'humain qui l'aura emporté sur l'être tout entier.

Lorsqu'une personne attente à sa vie et qu'elle y revient, le monde, ici, se divisera en deux entités distinctes : face à soi et face aux autres. Il existe une différence importante dans la manière de voir la vie qui s'en va. Il y a ceux et celles que l'on qualifie de battants et de battantes, affectés par un cancer et qui luttent de toutes leurs forces pour s'accrocher à la vie. Se soumettant à des traitements ayant d'importants effets secondaires, on dira d'eux, après leur éventuel décès, qu'ils se sont battus jusqu'au bout. Or, pour les revenants ayant tenté de mettre fin à leurs jours, c'est le contraire. Ils se retrouvent dans la catégorie inverse, en opposition frontale avec le positif de la vie. Ils entrent dans la catégorie des personnes abattues, négatives. C'est ce qu'ils pourront se dire, c'est ce qu'on pourra penser d'eux, à voix basse, ou silencieusement. Pour l'ensemble des raisons évoquées dans cet article, nous retenons l'importance de penser la question du suicide et de sa prévention en des termes autres que médicaux. Non pas que le médical soit ici entrevu comme inadéquat, mais parce que la question du suicide est trop complexe pour être un sujet déterminé par la médecine et la psychiatrie.

Bibliographie

Bibeau, G. 2009. « Une éthique du tragique. Considérations anthropologiques sur la condition humaine », *Anthropologie de la morale et de l'éthique*, vol. 33, n° 3, p. 101-117.

Bibeau, G. 2012. « Au nom de l'humain : penser le suicide dans ses sources profondes », *Santé mentale au Québec*, vol. XXXVII, n° 2, p. 257-273.

Bodinat, B. de. 1996. *La vie sur terre. Réflexions sur le peu d'avenir que contient le temps où nous sommes*, Paris, Éditions de l'encyclopédie des nuisances.

Caillé, A. 2008. « Le don, la maladie et la déshumanisation de la médecine », dans P. Chanial (sous la direction de), *La société vue du don*, Paris, La Découverte.

Camus, A. 1942. *Le mythe de Sisyphe*, Paris, Gallimard ; Folio, 2016.

Cellard, A. ; Chapdelaine, É. ; Corriveau, P. 2013. « Des menottes sur des pansements. Le discriminalisation de la tentative de suicide dans les tribunaux du Québec entre 1892 et 1972 », *Revue canadienne Droit et société*, vol. 28, n° 1, p. 83-98.

Lesage, A. ; Moubarac, J.-C. ; Desrochers, L. ; Turecki, G. 2012. « Dialogue transdisciplinaire sur l'étiologie et la prévention du suicide au Québec », *Santé mentale au Québec*, vol. XXXVIII, vol. 2, p. 25-30.

Lupton, D. 2014. « The pedagogy of disgust: The ethical, moral and political implications of using disgust in public health campaigns », *Critical Public Health*, 25(1), p. 1-11.

Marin, I. 2008. « Don et sacrifice en cancérologie », dans P. Chanial (sous la direction de), *La société vue du don*, Paris, La Découverte, p. 401-412.

Rosa, H. 2014. *Aliénation et accélération. Vers une théorie critique de la modernité tardive,* Paris, La Découverte/Poche.

Yampolsky, É. 2017. « La perversion du suicide, entre la pathologie et la morale », *Criminocorpus. Revue d'histoire de la justice, des crimes et des peines*, contribution à la journée d'études : *Sujets déviants, sujets pervers. Pathologie mentale, sexualité et expérience de l'autre,* EHESS.

Notes

1. Source : www.who.int/entity/mediacentre/news/releases/2014/suicide-prevention-report/fr/ - 39k

2. J.M. Bertolote, A. Fleischmann, « Suicide and psychiatric diagnosis: A worldwide perspective », *World Psychiatry*, 1(3), p. 181-185.

3. Source : https://www.canada.ca/fr/sante-publique/services/prevention-suicide/suicide-canada.html

4. Voir, par exemple, le texte de Charles dans ce numéro. Il faut toutefois noter que plusieurs récits publiés au cours des dernières années font figure de testament pour des personnes qui se sont enlevé la vie, par exemple Édouard Levé, Stig Dagerman, et autres.

5. Les articles du Code criminel du Canada sur la tentative de suicide sont codifiés en 1892, sections 237 et 238 (section 270 en 1907 et 213 en 1950). Le « crime » de tentative de suicide était punissable par procédure sommaire de deux ans d'emprisonnement, l'aide au suicide, elle, d'un emprisonnement à vie. Les peines furent réduites en 1953. Le suicide a été décriminalisé de facto dans la seconde moitié du XIXe siècle. La tentative de suicide a été traitée de différentes manières avant 1972, décriminalisée en 1972 et retirée du Code criminel en 1985. Voir débat à la Chambre des communes, 28e Parlement, 3e session, vol. 3 et 4, 1er et 15 février 1971, p. 2929 et 3368.

6. L'étude des dossiers de la cour provinciale du Québec ne nous permet pas, pour l'instant, d'estimer le nombre de procès pour tentative de suicide. Nous savons toutefois que peu de suicidants ont eu une sanction pénale. La médicalisation du geste suicidaire commence dès le XIXe siècle et beaucoup de revenants se retrouveront en institution psychiatrique plutôt qu'en institution carcérale.

7. Cité dans Bibeau (2012).

8. Bibeau ne fait pas référence à Hartmut Rosa. Toutefois, le monde que décrit Rosa se rapproche beaucoup de la société de performance, du culte de soi et de positivité aliénante que décrit Bibeau dans ses deux articles. C'est nous qui établissons ce rapprochement entre l'anthropologie et la sociologie critique.

9. Dans *Le mythe de Sisyphe* (Camus, 1942, p. 17).

10. G. Bibeau, « Livre 1. Présentation des thématiques de recherche : l'humanité dans sa diversité et la négativité dans l'humain ». Accessible sur YouTube.

11. Isabelle Marin est médecin cancérologue en soins palliatifs à l'hôpital Delafontaine. En 2008, elle a publié « Don et sacrifice en cancérologie » (2008). Marin ne fait aucune allusion au suicide dans son texte. C'est nous, par extension, qui tentons la création d'un lien entre nos façons d'envisager la question du suicide et celle du désir de vivre.

12. Étude des causes et des facteurs de maladies.

13. Par la *part tragique,* nous entendons les dommages psychologiques et physiques (rapport à soi dans ce geste ultime) résultant d'une tentative avortée (pour autrui) de suicide ou de la mort.

14. Deborah Lupton est sociologue. Elle enseigne en Australie à l'université Canberra et est rattachée à la faculté des arts et du design.

15. Cette déclaration figure sur tous les emballages de cigarettes au Canada. Elle est le fruit d'une initiative de Santé Canada. À cette déclaration s'ajoute l'image d'un homme, monsieur Leroy, que nous voyons de face avec un trou béant dans la gorge bien en vue avec le col ouvert de son pull.

16. Stig Dagerman, *Notre besoin de consolation est impossible à rassasier*, Arles, Actes Sud, 1981, p. 17 (traduit du suédois en 1955).

Résumé

Cet article, sous forme d'essai, pose un regard à plusieurs voix sur le suicide et les dommages collatéraux que ce geste de désespoir de soi engendre chez les survivants. Il questionne de manière critique la façon dont le domaine biomédical envisage le suicide, entre autres en recourant à des perspectives anthropologiques et philosophiques qui révèlent toute la complexité de bien cerner la nature du désir d'en finir avec la vie de manière définitive. En conclusion, il questionne les campagnes de prévention en se demandant si celles-ci pourraient générer des effets contraires au but recherché.

Mots-clés

Suicide, tentative de suicide, histoire du suicide, anthropologie du suicide.

RITA MERCEDES

Le suicide au travail : quand mourir devient un besoin vital

ANTONIN COMMUNE
Psychologue, docteur en psychologie clinique et psychopathologie.
Service de médecine du travail du CHU de Rouen.

La question du suicide et du travail est, depuis les années 1990, devenue actuelle dans les médias. De nombreuses situations de souffrance de salariés y sont exposées, en partie pour leur caractère spectaculaire. Il est possible d'observer la prise de conscience d'un lien de causalité entre les conditions de travail et le passage à l'acte, mais aussi la mise en avant de fragilités individuelles du travailleur.

L'exemple de France Télécom est très explicite. Cette entreprise publique théorisa un « *Crash program* » en 2006, le plan ACT : Anticipation et compétences pour la transformation. L'objectif : une internationalisation de l'entreprise, la réorientation de 10 000 salariés vers des secteurs dédiés aux clients (comme les centres d'appels) et le départ de 22 000 personnes. Cela dans un seul but annoncé lors d'un séminaire privé rendu public : le dégagement de plus de *cash*[1]. Trois ans après, France Télécom compte 34 suicides de salariés. Le lien entre conditions de travail et passage à l'acte est souvent mis en avant. Il en est de même pour La Poste. Cette entreprise qui fut publique pendant des années aurait recensé plus de 50 suicides de salariés en 2016 selon la CGT et Sud PTT : « Les syndicats CGT (majoritaire) et Sud ptt disposent depuis cette semaine d'un tout autre chiffre issu de la direction, mais tenu confidentiel par celle-ci. Livré aux deux syndicats par des sources internes à la direction, ce chiffre est vertigineux, car il ne recense que la seule année 2016. Plus de cinquante suicides considérés comme potentiellement en lien avec le travail par la direction auraient été comptabilisés cette année par une cellule de suivi interne à la direction et secrète[2]. »
Ce lien entre suicide et travail n'est pourtant pas systématiquement questionné dans les drames individuels se déroulant dans l'entreprise. Ainsi le 24 mars 2015, le suicide d'un salarié de 27 ans fait la une des journaux télé : un copilote de la Germanwings crashe le vol 9525 dans les Alpes du Sud françaises. Très rapidement, contrairement aux situations de France Télécom ou de La Poste, c'est une analyse « structuraliste » qui est avancée, consistant à attribuer toute conduite pathologique, dont le suicide, à des failles ou à une vulnérabilité individuelle du salarié. Le contexte n'est pas pris

en compte. Ainsi les médias et différents experts tracent le portrait du copilote à l'image d'un sadique sans émotion ayant effectué une tuerie de masse, tout comme on peut l'observer aux États-Unis dans les sombres affaires de fusillades dans les lycées. Qu'en est-il du rôle du travail dans cet acte de possible suicide élargi ? Hypothèse qui pourtant est mise en avant par un membre de l'équipe d'enquête allemande, qui explique que ce jeune homme souffrait d'un « syndrome subjectif sévère de *burn-out*[3] ».

Enfin, quand ce ne sont pas les failles individuelles qui sont mises en avant, le lien entre le travail et le passage à l'acte peut faire l'objet d'un refoulement massif. Ainsi à l'hôpital Pompidou, le suicide par défenestration d'un professeur en cardiologie, identifié comme étant en souffrance au travail par l'ensemble du corps médical et administratif, fut qualifié de « décès accidentel » de la part de la directrice de l'hôpital dans un mail adressé aux agents[4].

Mais alors, si ces passages à l'acte ne sont pas dus à des failles individuelles, et s'ils ne sont pas dus à une mauvaise gestion du stress, comment les comprendre ? Quels sens leur donner ? Et comment les prévenir ?

Pour mettre du sens dans les comportements humains, le meilleur outil reste la psychanalyse. Sans rentrer dans une psychopathologie des profondeurs, on peut rappeler que Freud a mis en avant une chose fondamentale : la majorité de nos comportements sont dictés par notre inconscient. Les psychothérapies de salariés survivants du suicide permettent de comprendre ce lien inconscient entre le travailleur et le travail. Le passage à l'acte est bien souvent un moment énigmatique, un « ça m'est arrivé », un « ça » qui doit laisser place au sujet réflexif dans une vision de prévention. Que se cache-t-il derrière ce « ça » si énigmatique ? C'est le lien inconscient qui est tissé entre le travailleur et son travail. Plus précisément, la maladie de ce lien amenant le passage à l'acte.

Parler de pathologie du lien entre l'individu et son travail présuppose l'existence d'un lien inconscient fort. Celui-ci se tisse très tôt dans le développement psychosexuel. Le travail vient jouer un rôle structurant pour l'identité. Après le champ érotique, c'est le champ social et donc le travail qui vient former l'identité, qui reste à consolider lors de la sortie du pot au noir qu'est l'adolescence. C'est à cette période que les premiers choix professionnels apparaissent. Freud avait identifié et formulé la nature sublimatoire du lien qui existe entre un individu et son travail dans une note de bas de page de *Malaise dans la culture* : « En l'absence de prédispositions particulières prescrivant impérativement leur direction aux intérêts vitaux, le travail professionnel ordinaire, accessible à chacun, peut prendre la place qui lui est assignée par le sage conseil de Voltaire. […] La possibilité de déplacer une forte proportion de composantes libidinales, composantes narcissiques, agressives, et même érotiques, sur le travail professionnel et sur les relations humaines qui s'y attachent, confère à celui-ci une valeur qui ne lui cède en rien à son indispensabilité pour chacun aux fins d'affirmer et justifier son existence dans la société[5]. »

Cette vision du travail tenant un rôle dans la construction identitaire d'un sujet est centrale dans la compréhension des passages à l'acte. Travailler, c'est aussi exister, travailler, c'est aussi se construire. Pour bien saisir cette idée centrale du travail, il faut passer par la définition psychologique du travail. Ce qu'on appelle le travail comporte toujours deux aspects : le travail de production et le travail psychique du travailleur qui produit. La tâche versus l'individu.

Le travail, c'est en partie de la « *technè* ». Je reprends ce terme des écrits d'Homère qui utilise ce mot dans le sens de produire, construire, mais aussi pour qualifier l'acte de production, de construction, le faire efficace. Platon l'enrichira en lui attribuant le sens d'un savoir rigoureux et fondé[6]. Ainsi, toute tâche de travail est prescrite, c'est-à-dire pensée par des ingénieurs, des ergonomes, des cadres qui conçoivent le geste, la praxie, l'ergonomie, la procédure la plus optimum pour la production. Le travail ainsi conceptualisé dans une organisation scientifique est une technè : une activité ne visant que son propre exercice indépendamment du travailleur.

Le lien inconscient entre un travailleur et son travail naît de la rencontre entre un individu chargé d'un psychisme, d'une subjectivité, et cette technè prescrite. Lorsqu'on commence un travail, on se heurte à cette technè qu'il nous faut apprivoiser, qui nous colonise et vient nous transformer. La rencontre avec cette technè suscite chez le travailleur un autre travail que celui de production, un travail psychique d'élaboration de cette technè et donc de modification de sa propre identité.

Pour énoncer avec plus de clarté ce travail psychique qui s'impose au travailleur qui produit, je reprends un nouveau terme : la notion freudienne d'« *arbeit* » (« travail » en allemand) ; Freud utilise ce mot pour désigner un travail psychique.

Ainsi le travail est avant tout une rencontre entre une activité de production normalisée (technè) et un travail (*arbeit*) d'élaboration psychique de cette technè. Élaboration psychique que Freud appelle *Durcharbeiten*. On préférera le terme de perlaboration[7] à celui d'élaboration psychique, ce néologisme est plus fidèle à l'allemand *Durcharbeiten* car il met l'accent sur le travail intrapsychique de liaison des pulsions[8].

Le travail se définit donc comme une technè faisant naître un *arbeit* chez le travailleur, débouchant sur une perlaboration chez le sujet. La perlaboration permet de faire quelque chose des excitations que la technè produit, et dont l'accumulation risquerait d'être pathogène. Le travailleur, de par son activité de perlaboration, intègre les excitations issues de la technè dans son psychisme et établit entres elles des connexions associatives. L'individu, lorsqu'il rencontre une technè, effectue un *arbeit*. Un *arbeit* qui consiste en la perlaboration des excitations issues de la technè. Ainsi l'individu devient un travailleur et accède à une nouvelle identité.

Quand le travail de perlaboration n'est pas entravé, quand tout se passe correctement, le travailleur développe une *poïèsis* au travail. Encore un terme grec, celui-ci développé par Platon. Il permet de saisir le fruit de la rencontre entre une technè et un *arbeit* de perlaboration. Platon définit la poïèsis comme « cause qui, quelle que soit la chose considérée, fait passer celle-ci du non-être à l'être[9] ». Ainsi la technè est perlaborée pour devenir une poïèsis, et le travailleur un poète ! Travailler devient une activité de création et non plus d'asservissement. Le travailleur y trouve un lieu de développement de son identité. De poïèsis en poïèsis, je deviens poète, et j'acquiers donc une nouvelle identité que je ne cesse de développer tout au long de ma carrière.

Maintenant que nous venons de saisir comment fonctionne ce lien psychique entre le travailleur et le travail, et son travail pourrait-on dire, nous sommes armés pour comprendre en partie le passage à l'acte suicidaire. Pour cela, je rajoute un nouvel acteur au duo travailleur-travail, celui de condition de travail[10].

Aujourd'hui, un grand nombre d'organisations de travail tendent vers une augmentation de la production par le biais d'une sous-qualification des travailleurs. On morcelle le travail et on demande à des travailleurs devenus opérateurs d'être de simples exécutants. Plusieurs concepts sont rattachés à cette vision du travail : le *lean management*, la qualité totale, l'évaluation individuelle et non collective des performances… Quelles sont les conséquences de cette organisation scientifique sur la santé des salariés ? La réponse est simple : désastreuses.

Ces organisations de travail mettent en place une technè totale qui ne peut plus être perlaborée par le salarié. Le travailleur se cogne contre la technè : « Je suis devenu une machine à faire des toilettes » expliquait un salarié exerçant en clinique. Le travail répétitif sous contrainte de temps plonge l'individu dans un mouvement physique répétitif, dans une action sensori-motrice constante, dans une excitation perpétuelle qui vient déborder l'appareil psychique. Ce dernier est soumis à de trop grandes quantités d'excitation et ne peut plus les perlaborer correctement. *Arbeit* est en panne. Ces organisations de travail plongent le salarié dans un véritable état maniaque imposé par la technè. La seule solution que peut mettre en œuvre l'appareil psychique, c'est une évacuation de la tension, de l'excitation, par une autre voix que celle de la pensée : celle de l'action. Or si le corps est lui-même emprisonné dans cette technè répétitive, l'appareil psychique n'a plus de voix de décharge : ni la pensée ni l'action ne lui sont accessibles. Il n'en reste plus qu'une : l'accident psychique.

Une patiente, secrétaire d'un cabinet privé pluridisciplinaire, expliquait la dureté de ses journées ainsi : « Je suis tous les jours emprisonnée sur mon siège derrière mon PC à créer des plannings […] Je ne peux pas aller aux toilettes car le téléphone n'arrête pas de sonner […] à force de cliquer, j'ai pété les plombs. »

L'accident psychique peut prendre de nombreuses formes. Il peut s'exprimer par le corps à travers des troubles musculo-squelettiques, des AVC, des arrêts cardiaques. Mais il peut aussi prendre la forme de décompensations psychiques franches, se produisant du côté de la psychose ou de la névrose (ces dernières sont sans doute ce que l'on appelle aujourd'hui *burn-out*). Le passage à l'acte suicidaire est possible dans ces configurations. Il semblerait que dans les premiers temps de l'installation d'une technè totale, l'appareil psychique n'est pas d'emblée submergé par l'excitation (nous serions dans ce cas de figure face à une effraction de la psyché par l'excitation : un psychotraumatisme). Dans les premiers temps, le travail de perlaboration de cette excitation est possible et peut entraîner l'apparition de fantasmes de mort. Le fantasme de mourir répond au désir de ne plus être sujet à des excitations trop grandes et de trouver en cela une forme de nirvana : un retour à zéro, le plus bas possible de toutes les excitations, toutes les quantités d'énergies, qu'elles soient internes ou externes.

En un second temps, la surcharge d'excitation entraîne chez le sujet le passage du fantasme à l'acte proprement dit. Dans cette configuration, la mise en sens du passage à l'acte par toute autre personne que le rescapé est très complexe. Le lien avec le travail peut être essentiel même si le passage à l'acte a eu lieu à la maison. Monsieur T, manager dans l'industrie pharmaceurique d'une équipe de 34 personnes, témoigne : « Quand je me suis fait engueuler en réunion pendant une heure et demie devant tout le monde, je ne pensais plus. Mon regard était fixé sur la poignée de la fenêtre, je ne l'ai pas lâchée. [À la fin de la réunion] je me suis dirigé vers la fenêtre comme un automate et je l'ai ouverte. Là alors je me suis réveillé et je me suis mis une gifle pour me remettre les idées en place. J'aurais pu sauter ! »

À côté de cette première logique du suicide, il existe une autre forme de souffrance au travail pouvant conduire au passage à l'acte suicidaire. Cette seconde logique amenant au passage à l'acte trouve ses racines elle aussi dans les conditions de travail, plus précisément dans les rapports humains au sein du travail. Pour cela, il faut repartir des travaux du sociologue M. Mauss et de ses écrits sur le don[11]. Lorsqu'on travaille, on donne à une entreprise, une association ou un service public. On donne de l'usure physique, de l'usure psychique, on donne une force de production, on crée une richesse. En réponse à ce don, on s'attend à un contre-don. Le don est obligatoirement suivi d'un contre-don, selon les codes préétablis de notre société. Le salarié est pris dans une logique de donner-recevoir-rendre et ainsi dans une potentielle situation de dépendance. C'est ici l'essence même du droit contractuel. Le contrat de travail s'inscrit dans cette logique. Le salaire fait partie du contre-don attendu par le salarié. Mais ce contre-don n'est pas forcément matériel. Il peut être symbolique. On retrouve là les travaux de C. Dejours sur la reconnaissance au travail. La reconnaissance de la hiérarchie ou des pairs permet au travailleur lui permet d'entrer dans des enjeux psychiques d'appartenance, de filiation. Il y trouve un complément narcissique et un accroissement de son identité, mais également une emprise et une dépendance.

Dans ces conditions de travail, il arrive que le salarié tombe en disgrâce. Dans un contexte de changement de direction, de politique interne, il arrive que le salarié qui bénéficiait jusqu'à présent d'une reconnaissance au travail forte se trouve disgracié non pas à cause de la qualité de son travail, mais pour des raisons économiques, organisationnelles, budgétaires. L'employeur peut considérer des salariés uniquement comme des ressources que l'on peut économiser ou liquider au gré de la conjoncture. À ce moment-là, c'est le contrat moral du don/contre-don qui est brisé et bien souvent des sentiments de culpabilité et de dévalorisation sont exprimés par le salarié : « Qu'est-ce que j'ai fait pour qu'il m'en veuille autant ? » Le salarié en souffrance se considère comme haïssable, bon à rien, incapable de satisfaire sa hiérarchie et de mériter son salaire, sa place, le contre-don de ses chefs. Les pulsions suicidaires apparaissent de ce contexte d'intense sentiment d'impuissance, d'anxiété et de peur. La psychothérapie met souvent en lumière que les sentiments de haine envers soi rapportés par le travailleur sont en réalité une expression de sa peur et de la haine inconsciente qu'il ressent envers ses supérieurs ou ses bourreaux, qu'il fantasme comme des meurtriers capables de l'engloutir. Les fantasmes suicidaires auraient alors comme fonction de se libérer de soi-même de ces représentations internes hostiles de sa hiérarchie. Mais aussi, par l'acte de mettre fin à ses jours, le travailleur trouverait un moyen de se venger d'eux. Madame N, infirmière en clinique, s'effondre en consultation : « Je voulais me pendre au milieu du service. Que tout le monde voie ce qu'ils m'ont fait et qu'ils payent pour m'avoir détruite. On n'a pas le droit de détruire les gens et de s'en tirer le cul propre comme ça. J'ai la rage », et quelques minutes plus tard de reprendre sur un versant dépressif : « Je suis qu'une pauvre aide-soignante qui a repris ses études. Je vaux rien, c'est pour cela qu'on ne m'a pas écoutée. Qu'est-ce que j'ai cru ? Que je valais quelque chose à leurs yeux ? »

Comment alors expliquer cette dévalorisation qu'exprime le salarié dans ces situations de violence au travail ? Pourquoi n'est-il pas en capacité d'objectiver les logiques conjoncturelles (qui sont souvent clairement exprimées par la direction) pour préserver son estime de soi ? Il semblerait que ces autodévalorisations prennent place dans un tableau clinique similaire au travail de deuil. Tomber en disgrâce, c'est perdre le travail comme activité poïesis. Or une partie de l'identité du travailleur va rester attachée à ce paradis perdu afin de le récupérer. « Je reste un infirmier malgré ce qu'ils en disent », expliquait un patient, ou encore « On me reproche un management de grand-mère… mais c'est le mien ! C'est comme ça que je travaille. Je ne changerai pas pour un management d'école de commerce ! » énonçait un autre patient, manager dans la restauration. Le suicide peut prendre la forme d'un ultime acte d'appel à l'autre afin de récupérer ce paradis perdu. L'agressivité ne peut s'exprimer directement contre les bourreaux ou la hiérarchie, car elle est bloquée par la morale, par la loi. Son expression se fait donc sous forme auto-agressive et devient un passage à l'acte relationnel. Il contient ce double message agressivité et séduction : « En me faisant mal, je leur fais mal, ils vont payer » et « En me voyant ainsi, ils vont prendre conscience de ma souffrance, ils vont m'entendre et ils vont m'aider ».

Ce double but n'est que rarement atteint. Les suites d'un passage à l'acte suicidaire s'inscrivant dans cette logique sont souvent doubles : une aggravation de la dépression du travailleur qui se sent coupable de cette agressivité exprimée, et l'expression d'une contre-agressivité défensive de la part de la hiérarchie pouvant pousser au passage à l'acte du salarié : « c'est du chantage au suicide » est une phrase courante lors de réunions. Le suicide de salariés illustre l'entropie de l'entreprise.

Si les conditions de travail peuvent conduire au passage à l'acte suicidaire, elles sont aussi un moyen de prévention primaire puissant. La prescription du travail, les systèmes de contrôle, la chaîne de commandement et la politique managériale d'évaluation sont quatre points clefs permettant au travailleur de trouver une poïesis dans son travail. La prescription du travail se doit d'être claire, sans être exhaustive ou aliénante. Ainsi elle permet un cadre dans lequel le travailleur s'inscrit, se repère, et peut déployer sa créativité pour rendre le travail humain. Les systèmes de contrôle doivent permettre une liberté aux travailleurs pour développer une activité de création de règles de métier. Création individuelle mais aussi collective. Les échanges entre pairs ne sont possibles que dans un contexte de confiance. Les systèmes de contrôle doivent donc soutenir ces temps d'échanges, qu'ils soient formels ou informels. La chaîne de commandement se doit d'être clairement identifiable et de fournir reconnaissance au travail. Pour cela, les managers doivent être légitimes et formés afin d'acquérir une certaine souplesse psychique leur permettant de ne pas exécuter froidement leur prescription du travail, mais de la sublimer en fonction de leur équipe. La mise en concurrence des travailleurs, des services, tout comme l'idée qu'il existe un « bon stress » motivant les équipes sont des concepts à bannir. Enfin, la politique d'évaluation doit porter non pas sur les résultats du travail (les chiffres d'objectifs, les chiffres de production) mais sur le travail même. C'est-à-dire sur les processus ayant entraîné ce résultats. Le fruit du travail en équipe se doit d'être valorisé et mis en avant, même s'il n'est pas exploitable immédiatement, ou difficilement quantifiable.

En conclusion, il paraît important de rappeler au survivant d'un suicide, qu'il soit le travailleur lui-même ou un de ses proches, qu'il est possible de déclarer les tentatives de suicide ou les suicides en accident du travail. Cette démarche permet de rendre visible la souffrance au travail, bien souvent invisible. Une reconnaissance en accident du travail va aussi permettre un renforcement des mesures de prévention dans l'entreprise et ainsi modifier les conditions de travail à l'origine des souffrances individuelles. Le Code de la sécurité sociale est très clair : « Est considéré comme accident du travail, quelle qu'en soit la cause, l'accident survenu par le fait ou à l'occasion du travail » (article L411-1 du Code de la sécurité sociale). C'est la CPAM qui seule déterminera s'il s'agit d'un accident du travail. Enfin, les services de médecine du travail restent encore aujourd'hui des dispositifs de prévention des passages à l'acte suicidaire. Face à de telles souffrances, une prise en charge pluridisciplinaire peut permettre dans un premier temps de rompre la relation pathogène entre le travailleur et ses conditions de travail délétères. Une fois rompue, un travail thérapeutique peut être mis en place en parallèle d'une action concrète de modifications des conditions de travail. Cette seconde intervention me semble importante, car pour tous les salariés en souffrance au travail, l'arrêt maladie est bien souvent essentiel dans un premier temps, mais ne remplace pas cette poïèsis que peut apporter le travail. Poïèsis qui peut avoir également un rôle thérapeutique.

Notes

1. F. Desriaux et M. Magnaudeix, « Le jour où France Télécom a lancé son "crash programme" », *Santé et travail,* 23 décembre 2009; www.sante-et-travail.fr

2. R. El Azzouzi, « La Poste aurait comptabilisé plus de 50 suicides en 2016 », *Médiapart*, 16 décembre 2016 ; www.mediapart.fr

3. S. Almasy et L. Smith-Spark, « Reports: Antidepressants found at home of co-pilot Andreas Lubitz », *CNN,* 28 mars 2015 ; www.cnn.com

4. E. Favereau, « Hôpital Georges-Pompidou : "Que dois-je faire, me jeter par la fenêtre ?" », *Libération*, 29 décembre 2015 ; www.Libération.fr

5. S. Freud, *Le malaise dans la culture,* O.C., XVIII. Paris, Puf, 1930, p. 267.

6. B. Gille, *Histoire des techniques. Technique et civilisation, technique et sciences,* Paris, Gallimard, 1978.

7. J. Laplanche, J.-B. Pontalis, *Vocabulaire de la psychanalyse*, Paris, Puf, 1967.

8. *Ibid.*

9. Platon, *Le Banquet*, Paris, Flammarion, 2006.

10. C. Dejours, F. Bègue, *Suicide et travail : que faire ?,* Paris, Puf, 2009.

11. M. Mauss, « Essai sur le don. Forme et raison de l'échange dans les sociétés archaïques », dans *Sociologie et anthropologie*, Paris, Puf, 1950.

Résumé

Cet article tente d'objectiver les différents mécanismes pouvant déboucher sur un passage à l'acte suicidaire dans un contexte de souffrance au travail. Pour cela, l'hypothèse de l'existence d'un lien inconscient entre l'individu et son travail est mise en avant. Ce texte tente d'apporter des éléments de compréhension sur la constitution et le rôle de ce lien inconscient. Le travail comme objet incontournable et catalyseur de la construction psychique d'un sujet est mis en avant. A contrario, les vicissitudes de ce lien inconscient entre un individu et son travail sont abordées pour illustrer les logiques d'un passage à l'acte suicidaire.

Mots-clés

Suicide au travail, souffrance au travail, psychodynamique du travail.

Les suicides des jeunes Amérindiens en Guyane française

37 propositions pour enrayer ces drames et créer les conditions d'un mieux-être[1]

Extraits du rapport au Premier ministre par Aline Archimbaud, sénatrice de Seine-Saint-Denis, et Marie-Anne Chapdeleine, députée d'Ile-et-Vilaine, remis le 30 novembre 2015.

Synthèse

Depuis le début des années 2000, la Guyane connaît une série dramatique de suicides parmi les jeunes et même très jeunes Amérindiens. Ces jeunes sont issus des six peuples autochtones qui vivent sur ce territoire, pour certains depuis le IIIe siècle de notre ère au moins, et qui rassemblent autour de 10 000 personnes.

Même si les statistiques ethniques sont interdites dans notre pays, les autorités sanitaires, alertées par des témoignages d'habitants et d'élus, procédant par inventaires et recoupements, confirment que le taux de suicide des jeunes semble 8 à 10 fois supérieur chez les populations de l'intérieur à ce qu'il peut être en moyenne en Guyane et en métropole. La plupart des « suicides aboutis » et des tentatives de suicide concernent les trois peuples qui vivent sur le haut des grands fleuves, au sud de la Guyane. Il s'agit des Wayampis qui vivent sur le Haut-Oyapock, des Wayanas qui vivent sur le Haut-Maroni, des Tékos présents sur les rives des deux fleuves. Les peuples amérindiens côtiers (Kali'ña, Palikur et Arawack) sont également concernés, mais à moindre échelle.

Les autorités préfectorales et sanitaires de la région ne sont pas demeurées inertes. Un « plan suicide » a même été mis en place en 2011, avec des résultats si peu probants que le phénomène perdure, voire à certains endroits s'amplifie, avec une suite de résurgences ou d'accalmies. Une telle situation n'a pas manqué d'alerter la vigilance des autorités sanitaires et publiques en général.

C'est pourquoi, par décret en date du 30 mai 2015 pris en application des articles LO 144 et LO 297 du Code électoral, le Premier ministre a nommé deux parlementaires, Madame Aline Archimbaud, sénatrice de la Seine-Saint-Denis, et Madame Marie-Anne Chapdelaine, députée d'Ille-et-Vilaine, parlementaires en mission auprès de la ministre des Outre-mer. Une inspectrice générale des affaires sociales, Madame Dominique Voynet, et un inspecteur général de l'administration de l'Éducation nationale et de la recherche, Monsieur Patrice Blémont, sont intervenus en appui de la mission.

La lettre de mission du Premier ministre demande aux parlementaires de « dresser le bilan de l'ensemble des actions » conduites jusqu'ici ; de « formuler des propositions visant à améliorer et à renforcer le cas échéant les actions d'éducation et de santé en faveur des populations amérindiennes, notamment les plus jeunes » ; « d'examiner avec attention l'effectivité des dispositifs d'action de proximité des acteurs publics, dans des situations d'isolement et d'enclavement » et de « proposer des solutions pour les améliorer », en intégrant « les contraintes spécifiques à la Guyane, tant sur le plan économique et budgétaire qu'environnemental ou physique » et en veillant à « impliquer systématiquement les acteurs locaux, les familles, les associations et les communautés dans l'élaboration et la mise en œuvre des dispositifs… ». Enfin, la lettre de mission invite la mission à étudier « l'accompagnement qui peut être réservé, d'un point de vue politique, à l'action du CCPAB[2] », évoquant la reconnaissance des spécificités des populations amérindiennes, la reconnaissance des langues et cultures, les droits d'usage collectifs » du sol. On l'aura compris, et comme le précise la ministre des Outre-mer[3], il est demandé à la mission, au-delà « des réponses administratives », d'étudier « la mise en place d'une stratégie politique visant à réaffirmer la place de ces communautés au sein de la nation ».

Pour remplir ces objectifs, les membres de la mission ont tenu à auditionner nombre de personnes qualifiées dont on trouvera en annexe la liste exhaustive. Ils se sont également rendus en Guyane du 16 au 29 septembre 2015. Au cours de ce déplacement, ils ont tenu à rencontrer et écouter longuement, et jusque dans les villages les plus éloignés, les habitants eux-mêmes, à Maripasoula, Antecume Pata, Talhuen/Twenké, Kayodé, Elahé, Saint-Georges de l'Oyapock, Trois Palétuviers, Camopi[4] , Awala-Yalimapo, Saint-Laurent du Maroni et bien sûr Cayenne. Ils ont collecté au cours de leurs déplacements une documentation fournie ; de nombreuses suggestions ont pu leur être faites, notamment grâce à une session du ccpab qui a siégé en présence de la mission, et aussi, très directement et très spontanément, par les populations elles-mêmes.

Les causes d'une recrudescence de suicides sont multifactorielles. Il peut s'agir de raisons très diverses : isolement géographique, désœuvrement et absence de perspectives, raisons économiques et sociales, causes sanitaires, intrafamiliales, identitaires et culturelles. Le rapport les examine aussi minutieusement que possible, en essayant non seulement de les identifier (partie 1) mais aussi de faire le point sur ce qui avait été tenté par les services publics ou les populations elles-mêmes pour enrayer cet effrayant engrenage (partie 2). Par suite, le rapport s'attache à faire des propositions concrètes pour remédier à cette situation (partie 3).

La mission n'a occulté aucune question, y compris les plus sensibles, les plus pénibles, les plus débattues, comme celles des violences intrafamiliales, de l'alcoolisme aigu et chronique ou des grossesses précoces, ou encore, sur un autre registre, le rôle des Églises, et les conséquences, dont certaines sont encore très présentes aujourd'hui, de la colonisation. La mission, à cette occasion, a pu s'apercevoir du grand trouble identitaire qui mine ces populations, et notamment les jeunes, tiraillés entre le monde dans lequel ont vécu leurs grands-parents et celui dans lequel, déjà, ils se meuvent avec plus d'aisance que leurs parents.

Ce trouble est amplifié par un fort sentiment d'humiliation, lié aux jugements stigmatisants et aux commentaires désobligeants dont les Amérindiens sont régulièrement victimes. Et au fort sentiment de frustration et d'abandon, lié aux conditions très dégradées de l'accès au droit et aux services publics les plus élémentaires, lesquels font très clairement défaut sur le haut des fleuves.

La mission n'a pas souhaité refaire pour son propre compte le travail accompli par les partenaires de Guyane, chargés par le président de la République d'élaborer, sous la houlette du préfet, « un pacte d'avenir » pour la Guyane. Mais il était impossible, après avoir constaté sur le terrain les difficiles conditions de vie faites aux populations des fleuves, de ne pas pointer les manques d'équipement et de facilités élémentaires dont souffrent les populations autochtones.

La mission ne prétend pas que ces carences constitueraient une cause directe des suicides des jeunes Amérindiens. Mais elles constituent indéniablement l'une des causes du « mal vivre ». Ce que nous avons vu, les Amérindiens le voient aussi. Ils voient que, dans un territoire où l'on tire des fusées Ariane et Soyouz, il n'existe toujours pas d'accès permanent à l'électricité et aux télécommunications.

Cette situation a un double impact : elle amplifie le sentiment de frustration et d'abandon de populations privées de services jugés nécessaires partout ailleurs. Et elle rend plus difficiles, et parfois impossibles, les actions de prévention du suicide déployées ailleurs.

Comment mettre en place une mesure simple, tentée dans d'autres territoires métropolitains, qui consiste à rappeler régulièrement toutes les personnes ayant fait une tentative de suicide ? Pour « rappeler », encore faut-il pouvoir appeler !

Comment préconiser, comme en métropole, que soit dépêchée sur place une cellule d'urgence médico-psychologique, quand il n'existe aucun moyen de transport pratique et immédiat pour mettre une telle équipe de professionnels à pied d'œuvre ?

La mission n'a jamais perdu de vue son objet même, mais au fil des rencontres et des témoignages, elle a conforté son intuition initiale, à savoir que les suicides témoignaient d'un malaise profond, largement répandu au sein des communautés amérindiennes. Et sa conviction qu'il était certes nécessaire de mettre en place des actions de dépistage et de prévention du suicide, mais qu'il était non moins indispensable de réunir les conditions permettant de restaurer la dignité et la fierté des Amérindiens de Guyane.

La mission a constaté que les dispositifs d'exception, qu'elle défend quand il s'agit de s'adapter à des réalités sociales, culturelles, territoriales, elles aussi exceptionnelles, ne sauraient habiller reculs et renoncements. Et que l'adaptation du droit à une réalité singulière ne saurait justifier tant d'inégalités dans l'accès au droit et aux services.

Comment soutenir que les populations amérindiennes manqueraient de projets de développement économique endogènes, alors qu'il n'existe même pas une mission pour l'emploi sur ces zones pour écouter, conseiller et appuyer les jeunes porteurs ?

Quel est le parent d'élève en métropole qui accepterait l'arrachement que représente le départ de leurs enfants, pour des semaines voire des mois entiers, dans des familles d'accueil où personne ne parle leur langue, ou des internats immergés dans un monde moderne qui les menace en même temps qu'il les subjugue ?

La mission a veillé à se prémunir d'un autre piège, qui serait celui d'une sorte de relativisme culturel, ou d'une sollicitude paternaliste à l'égard de populations qui, sujets d'études, cibles de dispositifs venus d'en haut, ne seraient plus capables, n'auraient plus l'énergie, de choisir leur avenir.

La mission fait siennes les préoccupations des Amérindiens qu'elle a rencontrés. Ils ne cherchent pas la compassion, mais l'équité, la dignité, le respect. Ils n'entendent pas choisir entre le monde d'avant et celui dans lequel ils sont entrés de façon parfois fort brutale, mais choisir librement ce qu'il leur convient de conserver des organisations, des pratiques, des traditions, des convictions ancestrales et ce qu'ils adoptent et revendiquent du monde moderne. Ils ne se retrouvent ni dans le langage nostalgique de ceux qui parlent à leur place et voudraient les protéger malgré eux, en les « abritant » de toute modernité, ni dans le plaidoyer inverse[5], entendu aussi au cours de leur voyage par les membres de la mission, et qui les voue à disparaître en tant que peuples, en tant que porteurs d'une culture irremplaçable.

Il ne s'agit pas ici de simples proclamations de principe, qui n'auraient aucune conséquence pratique, mais de données incontournables si on veut faire œuvre utile. Ainsi de la prise en charge des jeunes en crise suicidaire... On comprend à la lecture des lignes précédentes que les standards de médecine psychiatrique moderne calés sur une analyse très « occidentalo-centrée » peinent à s'appliquer à des personnes qui vivent au quotidien dans l'intimité des esprits, font confiance à leurs rêves au moment de prendre des décisions, et respectent, même si elles ont tendance à se perdre, leurs traditions chamaniques ?

La mission s'est gardée de traiter les peuples amérindiens comme un tout indifférencié ; ainsi, elle rend compte aussi de l'opinion des jeunes Amérindiens qui, bien plus que leurs parents, sont confrontés au monde moderne et se « bricolent » – le terme a été souvent cité, sans nuance péjorative – une identité métisse, avec un égal attachement aux modes de vie traditionnels et aux opportunités offertes par le monde moderne.

Comme tous les jeunes de Guyane, chaque jeune Amérindien doit avoir la possibilité, non biaisée, de faire ses propres choix. C'est pourquoi, parmi les mesures suggérées par le rapport, on trouve tout autant la garantie d'un fonds d'aide pour des projets d'économie intégrée promus par des jeunes Amérindiens que des mesures de sauvegarde culturelle visant à mieux asseoir les apprentissages traditionnels comme la pêche, la chasse, la cueillette, le tressage des habitats traditionnels par exemple.

Pour que ce rapport ne soit pas « un rapport de plus », comme la mission l'a entendu à maintes reprises, la mission s'est attachée à formuler des propositions précises, dont la mise en œuvre ne nécessite pas, pour la plupart d'entre elles, de moyens considérables. Certaines d'entre elles concernent, de façon très directe, la prévention du suicide. D'autres relèvent d'une démarche pure et simple de rattrapage de droit commun. Enfin, certaines relèvent de la volonté de reconnaître les spécificités des droits des peuples autochtones.

Parmi toutes ces propositions, la mission en a retenu seize, prioritaires, dont la mise en œuvre est urgente pour espérer enrayer le suicide des jeunes Amérindiens de Guyane et qu'on trouvera résumées ci-après.

Seize propositions prioritaires

Proposition n° 1

Renforcer le dispositif de prise en charge psychiatrique des personnes en crise suicidaire, des membres des familles et communautés impactées par un suicide :

– intervention de la cellule d'urgence médico-psychologique dans un délai inférieur à 24 heures ;

– mise en place d'une antenne pérenne du Centre médico-psychologique (CMP)-Centre médico-psychologique infanto-juvénile (CMPI) de Cayenne à Camopi ;

– création d'une antenne pérenne du CMP-CMPI de Saint-Laurent du Maroni à Maripasoula ;
– mise en place d'un Observatoire régional du suicide, défini et réfléchi en accord avec le CCPAB.

Proposition n° 2
Élaborer, en s'appuyant sur les forces vives des communautés amérindiennes et notamment sur les femmes et les jeunes, un programme de santé communautaire, incluant les questions de santé mentale, dont la mise en œuvre devra être confiée à une équipe pluridisciplinaire, incluant des ethnopsychiatres, comportant les partenaires locaux de ces programmes.

Proposition n° 3
Élaborer, en s'appuyant sur les forces vives des communautés amérindiennes, un programme communautaire de soutien à la parentalité.

Proposition n° 4
Développer des politiques vigoureuses de lutte contre les addictions (alcool surtout mais aussi cannabis et cocaïne).

Proposition n° 5
Renforcer la cellule régionale pour le mieux-être des populations de l'intérieur (CerMePI), lieu de mutualisation des informations, de recherche, de coordination de toutes les parties prenantes sur la question du suicide.

Proposition n° 6
Réaliser enfin dans les villages de l'intérieur les travaux d'infrastructure urgents : eau potable, électricité, réseau téléphonique et Internet.

Proposition n° 7
Généraliser les mesures pour l'accès à une collation pour tous les élèves des écoles et des collèges (par un programme spécifique et prioritaire).

Proposition n° 8
Régler la question du logement des lycéens amérindiens en poursuite d'étude sur le littoral de façon générale, en particulier en organisant l'ouverture des internats le week-end. Par ailleurs, sensibiliser et former les familles d'accueil. Réfléchir à la proposition avancée à plusieurs reprises de la création de « maisons de l'amitié ».

Proposition n° 9
Reconnaître les cultures et les langues amérindiennes en Guyane.

Proposition n° 10
Créer un fonds de soutien public-privé (une fondation) pour développer des possibilités d'activités dans les villages, notamment pour les jeunes en luttant ainsi contre leur désœuvrement :
– permettant l'accueil et l'accompagnement pour le montage des projets ;
– soutenant des projets d'activité de loisirs sportifs ou culturels pouvant parfois prendre une dimension économique mais aussi d'artisanat traditionnel ;
– mettant en place des formations professionnelles dans des filières de mécanique, de travail du bois, du bâtiment, de l'écotourisme, électricité, maintenance des infrastructures, artisanat, navigation, etc. pour des métiers utiles dans les villages et dans toute la Guyane ;
– appuyant le montage d'associations par les Amérindiens eux-mêmes.

Proposition n° 11
Garantir une offre régulière et abordable de transport par pirogue sur les deux grands fleuves frontières.

Proposition n° 12
Former des cadres amérindiens :
– reconnaître le rôle des agents de service des centres de santé issus des communautés amérindiennes ;

– permettre que davantage de membres des communautés amérindiennes puissent intervenir en tant qu'intervenant langue maternelle et accéder aussi au nouveau dispositif « alternants » ;
– faciliter leur accès aux formations professionnelles dans tous les métiers.

Proposition n° 13
Former et soutenir les agents des services publics en place :
– stabiliser et fidéliser les équipes des CDPS[6] ;
– rendre obligatoire une formation systématique au personnel administratif des communes pour toute affectation sur un poste des communes de l'intérieur ;
– poursuivre les missions fleuves mises en place par l'Académie de Guyane ;
– offrir une formation de base à tout agent public amené à exercer dans les territoires de l'intérieur ;
– veiller à ce qu'une qualité minimum de confort pendant leur séjour et sur le plan logistique leur soit attribuée.

Proposition n° 14
Mobiliser les connaissances ancestrales immenses des Amérindiens concernant la forêt pour la sauvegarder et y développer des activités durables : recherche en biodiversité, écotourisme, entretien, surveillance, exploitation durable, etc.

Proposition n° 15
Transformer le CCPAB en Grand Conseil coutumier.

Proposition n° 16
Organiser, au moins une fois par an, un point d'étape systématique au cours duquel l'ensemble des acteurs institutionnels, élus, chefs coutumiers, et acteurs de la société civile feront le point sur l'avancée des propositions faites par notre mission.

Vingt et une propositions complémentaires

En matière de santé

Proposition n° 17
Médicaliser le poste de santé de Talhuen.

Proposition n° 18
Reconstruire le centre de santé de Camopi, en y intégrant les locaux nécessaires à l'antenne du CMP.

Proposition n° 19
Examiner la faisabilité d'une révision de la stratégie de prise en charge des femmes enceintes dans les communes les plus isolées.

Proposition n° 20
Affecter des assistantes sociales hospitalières dans les centres de santé.

Proposition n° 21
Mutualiser et coordonner l'offre de soins dans les bassins de vie transfrontaliers, y compris avec les acteurs de la santé surinamais et brésiliens.

Proposition n° 22
Faciliter les procédures d'ouverture et de renouvellement des droits à l'assurance maladie, proposition déjà formulée dans un rapport de l'IGAS d'avril 1998, afin de permettre d'envisager, de façon progressive, la fin de l'apparente gratuité des soins.

Proposition n° 23
Protéger les femmes des violences qui leur sont faites.

Proposition n° 24
Refondre les dispositifs de signalement et de prise en charge de l'enfance en danger.

Proposition n° 25
Consolider et étendre à toutes les zones amérindiennes de l'intérieur le réseau de

médiation sociale et culturelle déjà initié par des associations.

Proposition n° 26
Encourager la diversification alimentaire, pour réduire la contamination mercurielle et remédier à l'appauvrissement des ressources de gibier, sans accentuer la part des nourritures transformées industrielles.

Proposition n° 27
Engager un programme de dépistage et d'évaluation des troubles de croissance et des troubles neurosensoriels du nourrisson et du jeune enfant[7], liés aux toxiques (alcool, mercure), avec l'appui scientifique de la mission Stratégie et recherche du ministère de la Santé.

En matière d'éducation et de formation

Proposition n° 28
Créer un lycée à Maripasoula ; un « mini-collège » en pays wayana ; une solution supplémentaire pour Trois-Sauts, en pays wayampi.

Proposition n° 29
Consolider le dispositif des intervenants en langue maternelle en zones amérindiennes.

Proposition n° 30
Aménager les rythmes scolaires pour favoriser l'apprentissage et le maintien des savoirs traditionnels.

Proposition n° 31
Utiliser les possibilités offertes par le Régiment de service militaire adapté (rsma).

Proposition n° 32
Favoriser les expérimentations du type de celle de Trois-Palétuviers.

En matière d'accès aux droits

Proposition n° 33
Ré-ouvrir immédiatement la mission locale pour l'emploi de Maripasoula afin de soutenir les jeunes porteurs de projets.

Proposition n° 34
Étendre à toutes les zones où vivent les Amérindiens une cellule administrative de soutien pour pallier les carences de tous ordres, et créer une maison des services publics à Maripasoula.

En matière de réformes institutionnelles

Proposition n° 35
Étudier la proposition de création d'une commune indépendante de Maripasoula sur la zone du Haut-Maroni.

Proposition n° 36
Repenser l'administration préfectorale des communes de l'intérieur.

Proposition n° 37
Faciliter les procédures existantes concernant le foncier.

Notes

1. http://alinearchimbaud.fr/wp-content/uploads/2015/12/Suicide-des-jeunes-am%C3%A9rindiens-rapport-parlementaire-2.pdf
2. Conseil consultatif des populations amérindiennes et bushinenge.
3. Lettres de mission de la ministre des Outre-mer aux deux inspecteurs généraux.
4. La mission regrette d'avoir dû renoncer pour des raisons logistiques à l'étape de Trois-Sauts.
5. Plusieurs de nos interlocuteurs ont ouvertement plaidé pour une « créolisation » des Amérindiens, présentée comme une solution à leurs problèmes identitaires.
6. Centres départementaux de prévention et de santé.
7. Ce projet, qui a fait l'objet d'une sollicitation des services de l'État en Guyane en 2010, semble n'avoir fait l'objet d'aucune réponse.

J'ai décidé de mettre fin à ma vie (professionnelle)

GILLES VAN AERTRYCK
Déserteur du travail.

Il y a une inflation verbale ou enflure conceptuelle à manier le terme de suicide social, comme il est d'usage dans une certaine parole publique avide d'hyperbole. Par approximative équivalence, c'est comme après avoir prononcé des paroles outrancièrement opposées ou extérieures aux valeurs et normes d'un groupe : se déclarer, dans certaines assemblées, raciste, sexiste, pro-pédophile et anti-jeune, ou pire encore… Adopter des postures vantardes, aussi provocatrices et transgressives puissent-elles paraître, c'est la certitude d'être immédiatement critiqué, blâmé sévèrement, débiné-lynché sur les rézosocios, d'être évité et plus invité du tout, exclu sans appel.

La mise à mort sociale sera bientôt suivie d'un retranchement des liens sociaux : retrait/mise à l'écart, à l'oubli et au rebut. Peut-on qualifier ainsi le départ volontaire à la retraite ? Non pas d'être admis à faire valoir ses droits pour celui qui est rattrapé par une limite d'âge, pas la prise de la retraite attendue de toute une génération qui se félicite d'y arriver – vivant.e – *avant que l'oasis aperçue* ne recule encore…

Les bébés boumeurs en épuisement professionnel, écœurés que les choses aient si mal tourné, avec des gâchis et régressions ou retournements dans le contraire dans les pratiques, arrivent à la fin du parcours professionnel dans leur course d'itinéraire vital. Avec, me confient-ils, une sensation de libération-désincarcération, d'arrêter de souffrir des contraintes horaires, organisationnelles et relationnelles, des absurdes cruautés collectives ou de caste dirigeante. Et de l'abêtissement dans des actions niaiseuses financées, donc obligées, et des pensées conformées standardisées. De la subornation de soi dans les liens du contrat de travail social.

Si ce travail des professions intermédiaires a d'autres duretés que le travail en usine, à la mine, aux champs, de marin-pêcheur ou de ripeur à la voirie, il partage avec des emplois de service et du tertiaire, depuis le management public et la confusion entre privé et associatif : la pression des hiérarchies, la contrainte sur l'art et la manière de faire, la densification des charges mentales de travail, la mise en compétition avec des collègues. En se demandant qui va être le prochain à disparaître sans être remplacé, mais en mutualisant la charge de travail d'autres services. La pénibilité qualitative des relations de travail, et l'anomique perte de sens et de vision d'un horizon devenu stratégie, avec l'efficacité comme but et non comme moyen et l'agonie des coûts (*cost-killer*) comme fin ultime d'adaptation. Tout cela en ramenant du travail à la maison et en week-end avec le sentiment d'être empêché de faire tout son travail et de pouvoir le faire bien. L'enfer du devoir…

Certains drogués du travail ayant fait provision de trop-plein dans leur vie d'actifs, en prévision angoissée du vide social (ou interne-intime ?), vont se ruer au passage avidement sur une hyperactivité hypomaniaque antidépressive. Comme dans le volontariat, à vouloir faire le bien, à conseiller les administrateurs, à tutorer et mentorer des échoués scolaires et des désorientés étudiants, à côtoyer des migrants ou des inemployés en insertion, à se faire attribuer la garde gracieuse d'enfants petits, à voyager en saison basse, voir tout ce qu'il y a à voir en expositions et événements, lire et même relire, reprendre des apprentissages… Ce sont leurs pelouses et rosiers dans l'idéal pavillonnaire et les résidences secondaires. J'en connais qui ont plus travaillé en activités l'année suivant leur départ ou mise en retraite qu'auparavant. C'est la peur panique de l'inutilité au monde, de n'être en relation aux heures ouvrables qu'avec sa classe d'âge, d'être uniquement consommateur passif abandonné à la tyrannie de ses désirs, de ne faire que ce dont on a envie. Et une fois les tâches ménagères faites, de mourir d'ennui en attendant une longue et douloureuse maladie.

Certains commencent une « demi-vie » comme médicament, en étant une armée de réserve rappelée de son banc de touche pour des petits contrats, conférences, jurys, ou encore évalueront de l'extérieur des établissements et services. Tant que leurs connaissances ne sont pas obsolètes, ils se feront consulter comme des sultans. D'autres n'avaient pas anticipé, tout entiers dans le présentisme à s'occuper des autres sans prendre de temps pour soi à s'asseoir et prévoir, et n'avaient pas vu arriver le brutal changement de rythme, le grand vide du changement de temps inemployé. D'autres encore sont dans d'autres situations de choix heureux, attaquent à l'aube ou pas trop vite le matin et doucement l'après-midi. Mais cela peut tourner au vinaigre et pathos conjugal.

Le « *shujin zaitaku sutures shoukougun* » ou RHS : « *Retired Husband Syndrom* »

Ce syndrome du mari retraité pour la psychiatrie japonaise a été remarqué aussi par l'université de Padoue en 2014. Plus d'une femme sur deux serait victime d'un mal-être lié au retour d'un mari à domicile inactif toute la journée pour des semaines entières, et non plus un peu le matin et le soir et un peu plus en fin de semaine. Et vu l'augmentation de la durée de vie, c'est parti pour deux ou trois décennies ! Les inégalités d'âge dans les couples font également pour les duos d'actifs des ruptures de symétrie décalées.

Ce malaise s'exprime par des somatisations (ulcères, allergies), dépressions et crises d'anxiété, avec des crises ouvertes et une guérilla domestique – « se mener la vie dure, jusqu'à la rendre impossible et causer une séparation conflictuelle ». Ceci venant en suite au syndrome du nid vide après le départ des enfants, la vie des seniors en pleine maturité est parfois loin d'être indolente et tranquille…

Mais ce qui m'importe ici est moins une dénonciation doloriste en concurrence victimaire avec d'autres en mauvaise passe, transformant une étape du cours de la vie en drame insurmontable, que d'énoncer

une parole qui n'est pas « convenue » dans les discours de pots de départ.
On a des échanges intergénérationnels autour de ce point de bascule dans l'autre monde que celui des trimestres travaillés à accumuler. Comme les « bientôt la quille » des bidasses, entre blessés de la guerre économique. C'est le dégoût gavé, l'indigestion des relations dans le monde du travail qui gagne à la longue les carrières des travailleurs impliqués. Ceux qui ont investi leurs richesses personnelles sans trop compter, sur le mode oblatif de grands donateurs d'heures supplémentaires, de participants associatifs à la réunionnite bien développée.
Il est arrivé quelque chose au Tiers secteur du XXIe siècle, d'ordre gestionnaire des richesses humaines devenues ressources, qui dans de grands ensembles multiservices et établissements ou petites structures a tendu les relations vers un productivisme faisant autorité. Avec l'injonction d'innover-moderniser et d'ouvrir-assouplir tout en rigidifiant les façons de faire par respect des protocoles certifiés. Alors les petits bonheurs de certains aspects du travail, avec des usagers et quelques-uns des collègues et partenaires, qui équilibraient les déconvenues, routines et crises cycliques, sont devenus pressions financières et retaylorisation des métiers, pour un déficit d'attention. Est advenue une faillite des idéaux individuels et collectifs qui soutenaient les efforts consentis, au profit de valeurs « actuelles ». Et aussi les rétrécissements des cultures professionnelles, souvent bavardes, voire prétentieuses, prétendant à l'excellence, pour des énoncés uniquement opératoires du faisant-faire pragmatoc. On pense court, on écrit bref en PowerPoint, on lit vite une page d'écran
Mais les sociétés n'aiment pas les fuyards qui jettent un « continuez sans moi ! » à la face du monde – du travail – comme l'écrit Sylvain Tesson[1]. Version postmoderne du « *dann kann ich nicht mehr leben* – je ne peux plus vivre ainsi ! – qu'adressait à Freud celui qui cauchemardait des loups pour un homme. Si cela arrive trop tôt, en pleine vie professionnelle, le *burn-out* peut se trouver en impasse et il n'y a plus de manière acceptable de s'en sortir, si ce n'est par un geste désespéré. Mais comme l'ado qui se scarifie, il faut imaginer cette nouvelle espèce de suicidants heureux d'avoir trouvé une voie de solution pour arrêter de souffrir, hélas définitivement et au grand dam de leur entourage qui s'en veut de n'avoir su l'empêcher. Et eux s'en veulent un peu de n'avoir su demander une aide que l'on aurait été bien en peine de leur trouver. Ces évadés déserteurs qui prennent congé de l'obligation partagée de gagner sa vie en perdant beaucoup. Au risque de retrouver la double contrainte des amants diaboliques « rien sans toi, rien avec toi ».
À moins de voyager, bricoler, fréquenter, recommencer quelque chose…

Note

1. Sylvain Tesson, *Dans les forêts de Sibérie*, Paris, Gallimard, 1re éd. 2011, éd. Poche 2013. On peut en écouter un extrait avec le fameux « Continuez sans moi » sur https://www.youtube.com/watch?v=vQmL2mP74zU

La stratégie antidrogue de l'Union européenne face au cannabis

Une rhétorique prohibitionniste face à plusieurs scénarios

GRÉGORY LAMBRETTE
Psychologue et psychothérapeute en addictologie[1].

« Que sert d'interdire ce que l'on ne peut pas empêcher ? »
André Gide, *Les faux-monnayeurs*, 1925.

Prologue

Réduire l'offre et la demande, voilà résumés en peu de mots les deux domaines d'action dérivant d'une stratégie antidrogue menée par l'Union européenne depuis plusieurs décennies maintenant. Au nom du respect de la dignité humaine, de la liberté, de la démocratie, de la primauté du droit et des droits de l'homme[2], la « machine européenne » a pourtant soutenu une politique publique prohibitionniste tout en s'ouvrant bon gré mal gré à la réduction des risques et des méfaits. Paradoxe ou tour de passe-passe rhétorique, ce glissement indique non pas l'échec d'une politique d'éradication totale – objectif irréaliste s'il en est –, mais simplement l'adaptation d'une stratégie plus en phase avec une réalité sociétale évolutive et pourtant immémoriale : « un monde sans drogue n'existe pas ! », tel est le constat.

Dans l'optique d'une meilleure gestion communautaire, l'Union européenne tente aujourd'hui d'harmoniser autant que faire se peut la politique des États membres afin d'éviter une trop grande disparité des pratiques juridiques, curatives et préventives en ce domaine. Pour l'heure, cette harmonisation se limite à rédiger une série de recommandations (dont la dernière en date est la *eu Drugs Strategy 2013-2020* publiée le 15 mars 2017)[3] que les « nations-membres » restent libres de suivre ou non. L'ajustement de la stratégie antidrogue de l'Union européenne – pour nécessaire qu'il soit – laisse aujourd'hui encore beaucoup de place à ce « triangle d'or » néphaliste que dénonçait Ehrenberg au milieu des années 1990 ; un triangle dont les piliers étaient et restent l'abstinence, l'éradication et le traitement. Longtemps calquée sur le positionnement des États-Unis, la stratégie alors lieu en groupe, co-animées par l'éducateur sportif et la psychomotricienne. Ce soin a pour but de travailler sur l'établissement d'un rapport de confiance et sur l'intégration dans une dynamique de groupe. Un cadre mixte tant au niveau soignants que patients nous a également semblé intéressant à proposer.

Progressivement, Élodie se montre moins méfiante, malgré la rigidité de ses mécanismes interprétatifs. Elle s'inquiète de l'image qu'elle peut renvoyer aux autres, avec un discours empreint de convictions délirantes.

Le médecin fait ensuite une prescription de psychomotricité, axée sur la relaxation. La patiente semble accepter sans difficultés cette nouvelle orientation de soins, malgré l'a priori qu'elle avait pu verbaliser, définissant cela comme « un truc pour les bébés ».

L'évaluation psychomotrice établie au fil des différentes rencontres préalables a pu révéler un schéma corporel perturbé, un équilibre précaire ainsi qu'un trouble de la régulation tonique. Elle semble dans une hypervigilance presque permanente, la nuance paraît quasi inexistante. Tout son être semble devoir tenir l'autre à distance, maintenir les apparences et sa propre unité corporelle. Étant donné les difficultés d'Élodie, la psychomotricienne s'oriente vers des exercices favorisant la conscience corporelle, le travail des appuis et de l'ancrage au sol.

L'approche par l'activité en ergothérapie

Dans le même temps débute un atelier « terre » en co-animation avec la psychomotricienne et l'ergothérapeute. Il s'agit à nouveau d'un travail groupal dont les objectifs sont autant tournés vers l'aspect régressif du média que vers l'inscription dans une dynamique de groupe. La prise de plaisir, délicate pour cette patiente, ainsi que le manque d'estime de soi qu'elle verbalise nous permettent d'établir un axe de travail. Par ailleurs, nous souhaitons favoriser l'accès à cet imaginaire qu'elle semble verrouiller, dans son processus de maîtrise habituel.

Dans ce genre d'approche, la notion de *holding*[3] décrite par Winnicott prend tout son sens. Ainsi, le sentiment d'être porté par le thérapeute est nécessaire. Une seconde notion, essentielle à l'efficacité du soin, est celle de l'engagement et de la motivation à réaliser cette activité. Nous recherchons donc une activité signifiante pour la personne, une activité qui représente un intérêt personnel et revêt un sens particulier pour elle.

Au fil des séances, nous commençons à nous interroger de plus en plus sur ce que nous renvoyons à Élodie quant à notre rôle auprès d'elle. Parallèlement, notre questionnement s'oriente également sur ses comportements de rivalité, de séduction, qu'elle met en place avec nous, et qui perdurent. Ainsi, elle se compare sans cesse à nous à tous les points de vue, aussi bien les caractéristiques physiques que les performances sportives ou encore les capacités créatives. Nous remarquons qu'elle continue d'évoluer dans le même processus avec l'ensemble de l'équipe soignante.

Impasse et questionnement

Notre position de thérapeutes semble être mise à mal au regard de nos caractéristiques personnelles : jeunes femmes du même âge qu'elle, ne portant pas de blouse blanche, et proposant des activités ludiques. Élodie évolue dans une recherche de « copinage », alors que nous lui proposons une écoute empathique.

antidrogue européenne n'est jamais après tout que le pendant policé de la guerre à la drogue… et aux drogués. Il serait toutefois erroné d'affirmer que cette position est unanimement partagée et immuable. Nous le voyons bien, l'assouplissement de plusieurs États aux États-Unis sur la question du cannabis en est le témoin. L'Europe économique et sociale est loin d'être un bloc monolithique. En matière de drogues, des nuances s'y observent également et montrent à quel point les politiques publiques reposent davantage sur des postulats idéologiques ou un arbitraire social et/ou culturel (Bergeron, 2009) que sur des preuves scientifiques.

Face à ce constat, plusieurs scénarios sont possibles ou envisageables[4] : la dépénalisation, la décriminalisation et la légalisation (Caballero et Bisiou, 2000). Ce sont ces différents scénarios touchant à l'usage récréatif du cannabis que nous nous proposons précisément d'exposer en la présente contribution.

Cannabis, quels scénarios possibles ?

La question des substances psychoactives montre à suffisance la part de subjectivité avec laquelle nos sociétés sont susceptibles de traiter un phénomène sociétal –- certes complexe – relevant de la responsabilité individuelle. Longtemps rangé au rayon des produits illicites, le cannabis s'est mué ces dernières années en un produit aux attraits médical et économique certains, annonçant de nouvelles formes de régulation du marché. Même si aucun des gouvernements nationaux de l'Europe des 28 n'a encore à ce jour marqué son soutien quant à une légalisation du cannabis pour un usage récréatif (EMCDDA, 2017), les récents changements observés au niveau législatif sur le continent américain ont suscité une certaine curiosité en Europe[5] sans pour autant remettre en cause les conventions internationales ratifiées par l'ensemble des États de l'Union européenne. Précisons toutefois que si la convention unique sur les stupéfiants de 1961 et la convention de Vienne contre le trafic illicite de stupéfiants et psychotropes datant de 1988 (punissant la production, le trafic, la cession et la détention de stupéfiants) restent en vigueur, elles n'obligent en rien les États signataires à poursuivre l'usage (Cesoni, 2000).

Face à un modèle prohibitionniste (et aux pratiques néphalistes qui lui sont inhérentes) ayant montré ses limites[6], plusieurs alternatives existent. Si la dépénalisation consiste à tolérer, voire plus formellement à réduire l'abaissement des peines ou tout simplement à supprimer celles-ci (par exemple aux Pays-Bas, en Espagne, en Allemagne), la décriminalisation vise quant à elle à sortir la détention de stupéfiants du champ pénal et ce même si elle constitue toujours une infraction administrative au regard de la loi (par exemple : Portugal). La légalisation (aussi dénommée « régulation ») ouvre, elle, le champ à une organisation par l'état du commerce lié à la substance incriminée et des pratiques qui en dérivent (production, accès et qualité du produit, publicité, etc.). Cette organisation, précisons-le, peut aller d'une réglementation stricte jusqu'à la libéralisation la plus complète, pouvant laisser le champ libre aux lois du marché, comme le précise Valkeneers (Valkeneers, 2017), et à ses possibles dérives (Bisiou, 2016). Il est faux toutefois d'affirmer qu'une tendance à une plus grande tolérance est unanimement partagée sur le plan international, voire en Europe. Signalons que le modèle autoritaire et répressif reste actuel, comme c'est le cas pour la France, la Grèce ou

la Suède notamment, et qu'il est même renforcé dans des États en dehors de l'Union européenne comme en Russie, en Thaïlande, aux Philippines ou encore en Chine.
Évoquons à présent succinctement chacune de ces alternatives.

Tolérance ou véritable dépénalisation ? L'exemple des Pays-Bas et les Cannabis social clubs en Espagne et en Belgique

Contrairement aux idées reçues, l'usage de stupéfiants n'est en rien légalisé aux Pays-Bas. La détention, la vente, la distribution et la production de drogues y restent une activité illicite. Il est plus pertinent de parler, pour le contexte néerlandais, d'une politique de tolérance par rapport aux « drogues douces » – auxquelles le cannabis est associé – que d'un système de dépénalisation à proprement parler[7]. La preuve en est que des mécanismes juridiques ont été mis en place face à des détentions de cannabis en petites quantités afin d'éviter les sanctions et la saturation du système judiciaire. Notons que l'achat du cannabis se fait depuis 1976 dans les coffee-shops titulaires d'une licence. Cet achat est exclusivement réservé aux personnes majeures. Il est soumis depuis le 1er mai 2012 et pour certaines villes à l'obligation d'être en possession du *Weed Pass* donnant accès à un et un seul coffee-shop, et ce pour une transaction limitée à 5 grammes par visite. On peut considérer que ce système continue d'entretenir malgré tout le marché noir, car aussi bien la production, la distribution que la vente en gros « obligent » les coffee-shops à se tourner vers le marché parallèle pour se procurer la dite substance. Le dispositif néerlandais n'est pas une légalisation de l'usage de cannabis qui, comme pour d'autres pays tels la Belgique, l'Italie, l'Allemagne, le Danemark et bien d'autres encore, n'est toutefois pas interdit par la loi.
Évoquons ici une autre illustration. L'une des formes de reconnaissance de l'usage du cannabis, et donc une alternative possible face à la prohibition, a pris l'aspect du Cannabis social club. Il s'agit là d'une organisation ou association privée – dite « en circuit fermé » – de production et de distribution de cannabis à usage personnel. Bien que recouvrant des réalités empiriques fort différentes (Decorte et Pardal, 2017), ce modèle s'incarne sous la forme d'une coopérative ou d'une organisation non lucrative gérée par et pour ses membres enregistrés (Decorte, 2015 ; Decorte et coll., 2017). Cette forme de régulation, que l'on peut observer en Espagne, en Belgique mais également en Uruguay, permet précisément aux usagers d'éviter de s'approvisionner au marché noir, tout en développant le plus souvent une politique active de prévention en matière de risques et de méfaits. Ce modèle doit cependant faire face à un cadre légal pour le moins ambivalent et expliquant que ce type d'associations soient poursuivies par la justice dans leurs pays respectifs tout en continuant à être actives, comme en Belgique par exemple (Decorte et Pardal, 2017). À l'instar du cas néerlandais, les Cannabis social clubs exploitent les zones grises de la décriminalisation. On peut parler, en Europe du moins, d'un manque de légitimité, qui n'empêche pas toutefois l'existence de ce type d'organisations en vertu d'une certaine jurisprudence[8].

Décriminalisation, le modèle portugais

Face à une situation désastreuse au début des années 1990, le Portugal s'est engagé dans la voie d'une décriminalisation de la consommation et de la possession de toutes les drogues « en quantité suffisante, toutes substances confondues, pour dix jours », et ce depuis la loi 30/2000 entrée en vigueur en 2001. L'État portugais a estimé ici que la dépendance aux substances psychotropes, pour toute personne majeure, relevait davantage d'un problème de santé privée et publique, n'empêchant pas cependant de présenter les consommateurs devant une commission de dissuasion en cas de possession des dites substances. Cette possession reste donc une infraction administrative et non plus pénale si elle se présente dans les conditions susmentionnées.

L'expérience portugaise témoigne à suffisance que l'on peut réguler l'usage de drogues en dehors du droit pénal. Elle démontre également qu'un dispositif décriminalisant l'usage n'entraîne aucune augmentation des problèmes en termes de santé publique ou de criminalité (Da Agra, 2009). Si elle constitue une avancée indéniable, la politique actuelle du Portugal en cette matière prouve qu'il vaut mieux soigner que réprimer si l'on veut réduire l'usage ou le mésusage liés aux substances psychotropes. Face à l'arsenal répressif, ce pays a préféré insister sur la prévention, le traitement, la réduction des risques et la réinsertion (Bewey-Taylor et coll., 2014). Cela a eu pour conséquence de voir le nombre de condamnations à des peines de prison se réduire spectaculairement et se muer en une hausse de la fréquentation de structures spécialisées dans le traitement des toxicomanies (Hugues et Stevens, 2010, 2012). Même si les résultats de cette politique ne sont pas forcément toujours évidents à établir[9], le bilan d'ensemble semble être suffisamment positif pour considérer ce modèle comme exemplaire pour qui veut privilégier la pédagogie et le soin plutôt qu'une politique de la sanction.

La légalisation, une régularisation étatique ?

Nous aborderons deux exemples en matière de régularisation étatique avec la situation des États-Unis et celle de l'Uruguay.

Si l'usage, la production, la vente et le commerce du cannabis restent toujours illégaux aux États-Unis, chaque État est libre d'ériger, pour son territoire, sa propre législation en matière d'usage récréatif et médical. Et ce pour autant que la santé publique et l'ordre public soient respectés. Des États comme le Colorado, l'État de Washington, l'Alaska et l'Oregon, le district de Columbia ont ainsi légalisé la production, le commerce, la possession et la consommation récréative pour adultes. Tout laisse à penser que l'État fédéral, s'il n'encourage pas la chose, ne s'y oppose pas (Kleiman, 2015). A contrario des Pays-Bas qui peuvent apparaître comme un modèle commercial inachevé (Zobel et Marthaler, 2016), l'exemple nord-américain est celui dit du « *for profit* », décriminalisant l'usage du cannabis en réduisant les sanctions liées à l'usage et au trafic de cette substance en la traitant comme l'alcool (y compris pour ce qui relève des taxes).

À la différence du cas nord-américain, l'Uruguay est le seul pays souverain à avoir légalisé le cannabis pour l'ensemble de son territoire. Menant une campagne de réforme sociale[10] autour de 2010, ce pays s'est engagé fin 2013 à légaliser la vente, la possession et l'usage (jusqu'à 40 grammes par mois pour toute personne majeure). Contrairement au modèle hollandais, la production est totalement contrôlée par l'État et n'oblige pas les personnes à se fournir au marché noir. Le principe de l'autoculture y est réglementé et limité à six plants par personne pour une récolte maximum de 480 grammes par an. La création de Cannabis social clubs est prévue par la loi et doit se limiter à 45 membres pour 99 plants par an maximum. L'argument phare du gouvernement a été d'avancer que la régulation de la production est le meilleur moyen de réduire la criminalité. Moins enclin à suivre l'esprit « commercial » d'une réforme en matière de cannabis, l'Uruguay a pensé le changement davantage en termes d'impacts sociaux[11]. Reste, comme le souligne Obradovic (2017), que la légalisation répond à un triple objectif : sécuriser les conditions de production, de vente et d'achat ; limiter l'accessibilité du produit afin de garantir la protection des mineurs ; garantir des recettes fiscales à l'État.

En guise de conclusion

Le constat est sans appel : la prohibition n'est pas une bonne réponse, car elle ne protège personne, coûte cher, épuise les forces de l'ordre, sature le système de la justice, et favorise les inégalités sociales et raciales face au droit pour finalement échouer à réguler (Jauffret-Roustide et Granier, 2017). À l'instar de Beauchesne (2003), nous pensons que la meilleure manière de contrôler un marché est encore de le légaliser. C'est là un impératif démocratique mais également à des fins de santé publique. Si nous ne voulons pas rester enferrés dans une logique et une rhétorique du « punir ou guérir », il nous reste aujourd'hui à étudier les possibilités d'implanter de manière adaptée des alternatives et à penser une politique, autant que faire se peut, harmonisée en ce sujet. Système discursif traçant la frontière entre ce qui est légal et ce qui ne l'est pas, la rhétorique prohibitionniste doit aujourd'hui muer pour que de nouvelles et meilleures conditions d'accompagnement politique et social puissent se faire. Car si le changement est en marche, reste à l'accompagner dans les meilleures conditions.

Bibliographie

AGUIAR, S. ; AROCENA, F. 2014. « Menant la marche : l'Uruguay et ses trois avant-gardistes », *Cahiers des Amériques latines,* n° 77, p. 69-86.

BEAUCHESNE, L. 2003. *Les drogues. Les coûts cachés de la prohibition*, Montréal, Lanctôt éditeur.

BERGERON, H. 2009. *Sociologie de la drogue*, Paris, La Découverte.

BEWEY-TAYLOR, D. ; BLICMAN, T. ; JELSMA, M. 2014. *The Rise and Decline of Cannabis Prohibition*, Amsterdam, Transnational Institute.

BISIOU, Y. 2016. « Deux siècles de politique publique des drogues », *Psychotropes*, vol. 22, n° 2, p. 25-39.

CABALLERO, F. ; BISIOU, Y. 2000. *Droit de la drogue*, Paris, Dalloz.

CESONI, M.-L. 2000. *L'incrimination de l'usage de stupéfiants dans sept législations européennes*, OFDT.

DA AGRA, C. 2009. « Requiem pour la guerre à la drogue. L'expérimentation portugaise de décriminalisation », *Déviance et société*, vol. 33, n° 1, p. 27-49.

DECORTE, T. 2015. « Cannabis social club in Belgium: Organzational strenghts and weaknesses, and threats to the model », *International Journal of Drug Policy*, n° 26, p. 122-130.

DECORTE, T. ; PARDAL, M. 2017. « Cannabis social clubs in Europe », dans R. Colson, H. Bergeron, (sous la direction de), *European Drug Policies. The Ways of Reform*, Londres, Routledge, p. 285-299.

DECORTE, T. ; PARDAL, M. ; QUEIROLO, R. ; BOIDI, M.-F. ; AVILÈS, C.G. ; FRANQUERO, O.P. 2017. « Regulating cannabis social clubs: A comparative analysis of legal and self-regulatory practices in Spain, Belgium and Uruguay », *International Journal of Drug Policy*, n° 43, p. 44-56.

Documents du Groupe de recherche psychotropes, politiques et société, n° 4, p. 1-143.

EHRENBERG, A. 1995. *L'individu incertain*, Paris, Calmann-Lévy.

EMCDDA 2017. *Cannabis legislation in Europe an overview*, Luxembourg, Publications Office of the European Union.

FERREIRA, J. de M. 2011. « Le cas exemplaire du Portugal : drogues et toxicodépendances », *Multitudes*, n° 44, p. 47-57.

HUGUES, C.E. ; STEVENS, A. 2010. « What can we learn form the Portuguese decriminalization of illicit drugs? », *British Journal of Criminology*, vol. 50, n° 6, p. 999-1022.

HUGUES, C.E. ; STEVENS, A. 2012. « A resounding success or a disastrous failure: Re-examining the interpretation of evidence on the Portuguese decriminalization of illicit drugs », *Drug and Alcohol Review*, vol. 31, n° 1, p. 101-113.

HUGUES, C.E. ; STEVENS, A. 2016. « Dépénalisation et santé publique : politiques des drogues et toxicomanies au Portugal », *Mouvements*, n° 86, p. 22-33.

JAUFFRET-ROUSTIDE, M. ; GRANIER, J.-M. 2017. « Repenser la politique des drogues », *Esprit*, n° 2, p. 39-54.

KLEIMAN, M. 2015. *Legal Commercial Cannabis Sales in Colorado and Washington: What can we Learn*, Washington, Brookings.

OBRADOVIC, I. 2016. *Législations relatives à l'usage et à la détention de cannabis : définitions et états des lieux en Europe*, Observatoire français des drogues et des toxicomanies, note n° 2016-01.

OBRADOVIC, I. 2016. « Cannabis : états des lieux des législations européennes sur l'usage », *Psychotropes*, vol. 22, n° 2, p. 61-79.

OBRADOVIC, I. 2017. *Actualité de la régulation du cannabis aux États-Unis*, note n° 2017-02.

OBSERVATOIRE EUROPÉEN DES DROGUES ET DES TOXICOMANIES. 2017. *Rapport européen sur les drogues 2017. Tendances et évolutions*, Luxembourg, Office des publications de l'Union européenne.

ROSENZWEIG, M. 2001. *L'envers de la drogue*, Bruxelles, Labor.

ROSENZWEIG, M. 2008. *Drogues et civilisations. Une alliance ancestrale*, Bruxelles, De Boeck.

VALKENEERS, B. 2017. « Vers la légalisation du cannabis », *Prospective jeunesse, Drogues, santé et prévention*, n° 77-78, p. 18-21.

ZOBEL, F. ; MARTHALER, M. 2016. *Revue des modèles de légalisation et régularisation du cannabis*, Lausanne, Addiction suisse.

Notes

1. Quai 57, Suchtberondungsstell, Arcus ASBL, centre de consultation relatif aux addictions, grand-duché de Luxembourg.

2. Tels sont les termes utilisés par le Conseil de l'Union européenne adoptant le 7 décembre 2012 la stratégie antidrogue pour la période 2013-2020 (document : 17547/12-JAI 901 – CORDROGUE 101 – SAN 324 – JAIEX 124). Or les politiques prohibitionnistes dérogent à ces principes et participent à ce que Rosenzweig (Rosenzweig, 2001, 2008) dénomme une confiscation de ce droit fondamental qu'est la libre disposition de soi pour autant que cette liberté ne nuise pas à autrui.

3. *Evaluation of the implementation of the EU Drugs Strategy 2013-2020 and of the EU Action Plan on Drugs 2013-2016: A continuous need for an eu Action Plan on Drugs 2017-2020,* com, 2017, 195 final. Voir également EMCDDA, *Strategy 2025.*

4. http://www.emcdda.europa.eu/topics/cannabis-policy

5. Précisions toutefois que plusieurs pétitions ont été adressées ces dernières années à des parlements nationaux de l'Union européenne afin de légaliser la détention, l'usage et le commerce du cannabis (EMCDDA, 2017

6. Les niveaux de consommation ne cessent d'augmenter (Obradovic, 2016). Lire également. Observatoire européen des drogues et des toxicomanies, *Rapport européen sur les drogues 2017. Tendances et évolutions*, Luxembourg, Office des publications de l'Union européenne.

7. Une manière de tordre le cou à un vieux cliché consiste à préciser que les deux tiers des communes néerlandaises n'autorisent pas les coffee-shops ; coffee-shops dont le nombre ces dernières années n'a d'ailleurs fait que se réduire. À titre indicatif, on dénombrait 846 coffee-shops en 1999, pour 614 en 2013, et 591 en 2014.

8. Notons que depuis peu, le parlement régional de Catalogne a promulgué une loi autorisant et encadrant la consommation privée – la loi pénalise toujours la consommation en public – au sein des clubs de producteurs-consommateurs que sont les Cannabis social clubs. Précisons encore qu'une même législation avait été adoptée en Navarre en 2014, mais que la loi a été suspendue par la cour constitutionnelle.

9. On peut observer ainsi une surreprésentation des consommateurs de cannabis devant les commissions de dissuasion ou une augmentation du nombre de meurtres liés au trafic de stupéfiants (Ferreira, 2011 ; Hugues et Stevens, 2016).

10. Parallèlement à la question du cannabis, l'Uruguay s'est également engagé pour le mariage entre personnes du même sexe et pour une dépénalisation de l'avortement (Aguiar et Arocena, 2014).

11. À la différence du cas espagnol ou belge (dit « *bottom-up* »), la démarche adoptée par l'Uruguay est dite « *top-bottom* » puisqu'elle émane d'une initiative étatique (Decorte et coll., 2017).

Résumé

L'auteur dresse un état des lieux du positionnement politique et des pratiques en découlant en matière de cannabis en Europe. Le texte aborde la question de la dépénalisation, de la décriminalisation et de la légalisation de l'usage récréatif du cannabis à partir d'expériences émanant de politiques publiques au sein de l'Union européenne. Sont également évoqués le cas des États-Unis ainsi que celui de l'Uruguay.

Mots-clés

Cannabis, Europe, dépénalisation, décriminalisation, légalisation.

De l'œuvre à faire dans les parcours d'ados difficiles et autres incasables

BÉATRICE DERIES
Sociologue, formatrice-chercheuse à l'école Rockefeller, rattachée au centre Max-Weber (université de Lyon).

DAVID GRAND
Sociologue, chercheur-formateur à l'IREIS, rattaché au centre Max-Weber (université de Lyon).

Après une intervention à deux voix lors d'une formation à Clermont-Ferrand, à la demande de la PJJ (Protection judiciaire de la jeunesse), sur les parcours des mineurs sous main de justice, nous avons souhaité prolonger le dialogue tout juste entamé. La proposition de produire un article sur le sujet dans VST est alors tombée à point nommé.

Précisons que chacun de nous avait participé auparavant à une recherche sur la thématique[1] avec une méthodologie comparable[2] et une attention portée à la singularité des parcours des mineurs à la croisée de la justice, du travail social et du sanitaire. Pour la journée de formation, nous avons bâti nos interventions respectives en prenant soin de restituer ces parcours. Coïncidence étonnante, nous nous sommes rendu compte que deux d'entre eux entraient fortement en résonance l'un avec l'autre. Nous avons ensuite décidé de les extraire pour les relier et en faire la trame de l'article ci-présent.

Ces deux parcours peuvent être considérés comme des « cas » au sens de Passeron et Revel (2005), c'est-à-dire des exemples qui appellent à la description et à la narration avant toute interprétation ou conclusion hâtive. Deux cas, c'est peu, penseront certains. En réalité, c'est presque trop quand il s'agit de rentrer dans le détail des « situations ». Nous basant sur les autres cas enquêtés par ailleurs, nous pouvons préciser les deux cas présentés. Loin d'être ordinaires, ils rendent compte de manière exemplaire de deux trajectoires biographiques et institutionnelles de mineurs dits « difficiles » ou « incasables » qui, tout en présentant des récurrences, peuvent à certains moments diverger radicalement. Le premier cas, Élie, est typique. Il illustre une destinée bien connue dans le travail social, celle de cet individu qui a un long parcours dans la protection de l'enfance (Aide sociale à l'enfance – ASE – et PJJ) et qui, à l'âge de la majorité, est devenu sans domicile. Cette issue est la conséquence plutôt logique d'une trajectoire institutionnelle marquée par de nombreuses ruptures. Pour autant, pensons-nous, elle n'a rien d'inéluctable. Dit plus simplement, les choses auraient pu se dérouler autrement pour Élie. C'est en ce sens que le cas tout aussi difficile de Kevin lui fait écho. En effet, quand il est accueilli dans un lieu de vie synonyme de chez-soi, quand ses intervenants sortent de leur isolement et que le réseau de prise en charge continue de travailler de concert, il devient possible d'ancrer et d'apaiser Kevin. On se gardera bien évidemment d'idéaliser le second cas, le processus menant à la stabilisation étant complexe et incertain, comme nous le verrons. Toutefois, on peut d'ores et déjà retenir qu'une trajectoire n'est pas déterminée une fois pour toutes. Sous certaines conditions, elle est modifiable et même réversible. On verra là un signe invitant à se méfier de toute perspective déterministe.

Élie ou l'esprit nomade

Comment se fait-il que l'accompagnement d'Élie n'ait pas porté ses fruits ? Comment est-il devenu sans domicile fixe ? Voyons tout d'abord quelques traits qui le caractérisent.

Des difficultés, mais aussi des ressources

D'une première lecture de son dossier, nous retenons qu'il a rencontré ou posé de multiples problèmes. Dès l'âge de 3 ans, il est suivi par la psychiatrie. Il est fréquemment hospitalisé et isolé suite à des crises. Conséquence de son hyperactivité, les médecins lui prescrivent un traitement censé le contenir. À l'école, il n'arrive pas à se concentrer. D'après les enseignants, il est lent, il a du mal à traiter et analyser les informations. C'est à l'âge de 11 ans que sa scolarité prend fin. Six ans plus tard, dans une perspective d'insertion, Élie tente de se mettre à niveau mais l'apprentissage de la lecture et de l'écriture s'avère trop éprouvant pour lui ainsi que pour ses accompagnateurs, qui renonceront suite à des accès de violence. Ces derniers ne sont d'ailleurs pas exceptionnels. Élie se bat avec ses camarades d'école. À l'occasion d'une journée de visite dans une ferme, il malmène les animaux. En hébergement, il s'en prend à ses compagnons de chambrée ou aux éducateurs. Dans la même veine, il provoque sexuellement des enfants de son âge et des adultes. Il est pris en charge par la PJJ à l'âge de 16 ans, suite à des vols, des dégradations de biens mais aussi des comportements qui inquiètent les intervenants : lors d'un séjour de rupture, il se déshabille en public et demande aux personnes présentes de lui jeter des pierres. Pour les professionnels, il s'agit à l'évidence d'un acte révélant un désordre psychique. Mais quel est-il ? Les informations disponibles ne permettent pas de le déterminer.

Tout serait-il négatif chez Élie ? C'est ce que donne à penser son dossier qui en délivre une vision stigmatisante, au sens du processus décrit par Goffman (1975). Cela ne va pas sans poser problème car tout nouveau professionnel qui le parcourt peut en rester à cette première représentation et, sans le vouloir, la conforter dans l'action. A contrario, d'autres professionnels décrivent Élie comme un individu présentant certes des difficultés mais également des ressources, comme d'ailleurs les autres jeunes accompagnés. Ainsi il est capable d'honorer ses rendez-vous, de se mobiliser au cours de l'accompagnement ainsi que d'exprimer clairement ses idées ou ses envies. De même, il est un bon connaisseur des dispositifs. Ou encore il peut se lier à autrui et, par exemple, nouer une relation amoureuse. Tout cela ne suffit pas à contrebalancer ses problèmes, néanmoins cela démontre qu'Élie ne fait pas que subir les situations, il agit, réagit et s'adapte parfois de manière imprévue. En somme, il demeure un tant soit peu acteur de sa destinée.

Une accumulation de ruptures

Pour les travailleurs sociaux, ce n'est pas une nouveauté que de parler de ruptures dans les parcours des publics. Le sujet est d'ailleurs documenté dans le cadre de la protection de l'enfance (Potin, 2012). Pour autant, en tant que chercheur, il demeure étonnant d'en prendre la mesure. Dans le cas d'Élie, les ruptures se manifestent dès le plus jeune âge. Il habite avec ses parents puis avec ses grands-parents. À 6 ans, il est confié à l'ASE. C'est avec sa mère qu'il maintient le plus de lien. Néanmoins, à l'âge de ses 15 ans, elle déclare ne plus le supporter, il l'épuise et rend son existence infernale. Aussi, elle rompt tout contact avec lui. De ses 6 ans jusqu'à l'âge de sa majorité, Élie traverse de multiples formules institutionnelles : des hébergements collectifs, des familles d'accueil, un établissement pénitentiaire pour mineurs. Ajoutons qu'il a été hospitalisé à dix-huit reprises, dans quatre établissements différents.

Connaissant ces éléments de parcours, un professionnel qualifie Élie de « nomade dans l'esprit ». Pour lui, Élie est dans une forme d'errance, il se déplace sans avoir où aller et il ne veut pas s'installer en un lieu, c'est pourquoi il se fait systématiquement exclure. À l'évidence, ce raisonnement est discutable. Est-ce Élie qui se meut librement ou les institutions de l'ASE-PJJ qui le déplacent tel un objet ? Est-ce lui qui est inadapté ou les institutions qui n'arrivent pas à lui aménager une place ? Quoi qu'il en soit, l'action des institutions finit par être contre-productive. Non seulement elles ne répondent pas à ses problèmes mais elles les aggravent. Alors qu'il a besoin d'un minimum de stabilité pour faire face à ses problèmes, s'extraire d'un présent enfermant et se projeter de nouveau, elles le déplacent plus que nécessaire. À chaque fois, tout doit être défait et refait. Forcément, Élie fatigue mais aussi il s'habitue à circuler dans les institutions qui deviennent pour lui un univers de référence. Peu préparé et pas soutenu, quoi d'étonnant à ce qu'il se retrouve livré à lui-même quand elles se retirent avec la fin de la prise en charge décidée par la majorité ?

Devenir sans-domicile à 18 ans

Peu avant ses 18 ans, Élie est incarcéré dans un établissement pénitentiaire pour mineurs. Alors que la sortie approche, un éducateur de la PJJ vient faire le point, l'idéal serait de trouver un hébergement et de prolonger l'accompagnement grâce à un « contrat jeune majeur ». Sauf que cela implique qu'Élie ait un pré-projet, perspective lointaine du fait de ses difficultés. L'éducateur constate que l'établissement pénitentiaire, trop pris par le quotidien et son lot d'urgences à gérer, n'a pas eu le temps d'anticiper la sortie d'Élie. De son côté, il a contacté des structures comme les foyers de jeunes travailleurs mais rien n'y fait, il n'y a pas de place disponible.

Alors qu'Élie sort de l'établissement, le jour de sa majorité, un éducateur de la PJJ vient le chercher. Il s'ensuit une course contre la montre pour lui trouver un hébergement le soir. Après avoir téléphoné pendant sept heures au 115, le numéro vert à destination des personnes sans domicile, l'équipe obtient enfin une réponse positive dans un hébergement d'urgence et, dans la foulée, prend les dispositions nécessaires : ses papiers d'identité sont photocopiés et une partie de ses affaires sont gardées au service. Parce que l'hébergement d'urgence est une solution provisoire, la PJJ recommence la même démarche quotidiennement. Au bout de quelques jours, il en découle pour tous de l'incompréhension et de l'épuisement. Afin de mettre un coup d'arrêt à cette mécanique infernale, la direction de l'unité éducative en milieu ouvert de la PJJ déroge aux habitudes et décide exceptionnellement le financement de quatre semaines à l'hôtel. Malheureusement, cela ne suffira pas. Toujours sans solution, Élie se retrouve de nouveau à la rue. Cette fois, la PJJ lui octroie des tickets restaurant pour subvenir à ses besoins alimentaires. Après avoir utilisé le dernier ticket du dernier carnet, il est reçu par la direction qui se retrouve avec la lourde tâche de lui annoncer la fin de la prise en charge. En dépit de sa vulnérabilité, Élie n'est plus accompagné, il se retrouve faussement autonome d'une certaine manière. Peu de temps après, il est incarcéré puis hospitalisé en psychiatrie. Et ensuite ? « Je le vois bien passer sous les roues d'une bagnole après avoir piqué un vélo. Peut-être il se foutra en l'air. Il n'a tellement pas de place dans la vie. Mais peut-être que je me trompe », concluait la même direction.

Kevin, résister à l'irréversible

Le début du parcours de Kevin mémorisé dans les synthèses de son dossier présente un air de famille avec celui d'Élie : il a 4 ans quand il est confié pour la première fois à l'ASE, avec son petit frère, par ordonnance du juge des enfants. Depuis lors, il ne revivra pas dans sa famille. Après trois premières années en famille d'accueil avec ce frère, Kevin va en maison d'enfants à caractère social. Les liens avec son père sont inexistants et les rencontres avec sa mère exclusivement médiatisées. Elle arrêtera d'y venir alors qu'il a 10 ans. La pédopsychiatrie est très vite associée à cette prise en charge sous la forme d'une hospitalisation de jour. Kevin y fréquente l'école jusqu'à l'âge de 11 ans. La nécessité d'un accueil en établissement spécialisé et la qualification du « handicap » se décident dans le cours de cette première hospitalisation. C'est en appui à la construction de cette trajectoire, au croisement de la protection de l'enfance, de la psychiatrie et du secteur médicosocial que lui est ouvert alors, à la Direction départementale de la protection de l'enfance, un dossier dit de « prise en charge partagée[3] ».

Un garçon énigmatique

Dans l'expérience qui nous est relatée de cette construction, troubles d'indication et d'orientation s'alimentent mutuellement. Kevin est un enfant puis un adolescent difficile à affilier à un système de prise en charge parce que montrant de lui des visages contrastés. Cette indétermination affecte tous les registres de son existence, de ses troubles psychiques à ses capacités cognitives, en passant par son expérience de la sexualité à la puberté ou encore son statut pénal lors de ses comportements destructeurs. Le trouble n'est pas qu'en Kevin, il l'est dans le jugement de ceux qui l'ont en charge, autorisant une pluralité d'hypothèses sur son devenir, jusqu'à ce qu'un geste trop grave de sa part conduise provisoirement à statuer sur sa personne et referme la question, entraînant l'exclusion. Ce motif se répète dans sa trajectoire faisant de lui l'un de ces adolescents « sans solution de prise en charge » dont l'orientation requiert un traitement toujours urgent et exceptionnel.

Des continuités en conflit

« J'ai passé toute mon enfance en foyer, j'ai été dans dix-neuf foyers en douze ans », exagérera Kevin, 15 ans, devant le psychologue de l'unité d'hospitalisation pour adolescents, qui l'a invité à se présenter. Pourtant (ou pour cause ?) entre ses 10 et 18 ans, la commission de prise en charge partagée, orchestrée avec conviction par une directrice de l'ASE, a rassemblé trimestriellement autour de son cas de très nombreux intervenants, les uns disparaissant pour être remplacés par d'autres au gré des configurations changeantes du réseau de sa prise en charge. Comment résoudre l'énigme de cette trajectoire discontinue mais objet d'attention continue d'une communauté d'intervenants ?

Le co-engagement de trois grands secteurs (protection de l'enfance, secteur du handicap et psychiatrie) est le postulat de départ de cette coordination, jugé indispensable à Kevin comme plus généralement à ces adolescents en très grande difficulté psychique et sociale qui mettent en difficulté les institutions. Or, ainsi conçue, cette prise en charge partagée s'avère à double tranchant. Certes, l'affiliation de Kevin au secteur du handicap, conjuguée à sa protection judiciaire, crée à son endroit une obligation de responsabilité, dût-elle s'opérer sur le mode de l'imposition aux établissements. Dans les réunions successives de la commission se fabriquent des interdépendances, qui conditionnent les engagements des uns à ceux des autres et garantissent leur durabilité. Il est conçu pour Kevin un emploi du temps mensuel extrêmement découpé, articulant sur le papier une pluralité de lieux (IME – Institut médico-éducatif –, foyer pour adolescents, psychiatrie de secteur, famille d'accueil...) venant en soutien les uns des autres et entre lesquels il se déplace, transporté par les chauffeurs de l'ASE. Mais cette solidarité interinstitutionnelle repose en quelque sorte sur lui-même qui doit s'adapter d'un lieu à un autre. Par ses comportements, il sera le premier à faire craquer les montages sophistiqués qui conditionnaient son maintien partiel et problématique en établissement pour enfants en situation de handicap, la continuité interinstitutionnelle finissant par avoir raison de la continuité de sa trajectoire.

Dans l'enchaînement des ruptures qui aboutit à son exclusion du foyer pour adolescents (Kevin a alors 14 ans), il est des événements, personnels et institutionnels, qui affectent sa vie. Entre autres, apprendre que sa mère est enceinte, et peu après, ce qui va compliquer les choses encore, comprendre que l'éducateur qui faisait beaucoup pour lui va partir, le financement de ce renfort éducatif personnalisé arrivant à son terme, alors qu'ils ont une bonne relation et que ses journées à l'IME se passent bien... Le geste destructeur qui a précipité son exclusion (il a frappé des éducateurs et massacré le bureau du directeur à coups de batte de base-ball) est comme une demande impérative de prise en compte du détail participant à l'expérience de son placement.

Risquer une forme de permanence, à l'approche de la majorité

Autour de ses 15 ans, Kevin se trouve durant plusieurs mois comme abandonné à l'hôpital psychiatrique sans hébergement ni scolarité. Les différentes tutelles administratives sont interpellées, et c'est à leur niveau que les problèmes seront traités pour parvenir à une solution, sur la base d'un nouveau consensus : plus aucun cadre pensé à l'avance ne peut l'accueillir sans risquer un nouvel échec, il lui faut un lieu atypique qui s'adaptera à lui. C'est à ce moment du parcours que s'introduit dans la prise en charge une institution de protection de l'enfance attelée à la création de « lieux de vie » expérimentant un accueil « sur mesure ». Sur commande de l'administration, Kevin est admis dans un appartement en ville, ouvert pour lui et un autre jeune qui finalement ne restera pas, avec embauche de trois permanents formés à cet effet. Ce lieu de vie devient le point de départ d'une prise en charge certes toujours partagée, mais qui renonce à son idéal de maillage interinstitutionnel. C'est à partir de l'habiter que sont coordonnées des ressources, activées par l'équipe de permanents, à laquelle vient en soutien la psychiatrie adolescente qui retrouve sa forme séquentielle.

Cette nouvelle configuration n'est pas sans secousses : dépôts de plainte de l'association gestionnaire pour dégradations matérielles et agressions sur les permanents, mise en place d'un suivi éducatif de la PJJ. Le placement de Kevin en établissement pénitentiaire pour mineurs puis son transfert en service de psychiatrie mettront fin à cet accueil après dix-huit mois, suscitant amertume ou perplexité de ses accompagnants. Cependant, la rencontre avec le destin de cet adolescent continue d'impulser une politique d'innovation. De concert avec la direction départementale de l'ASE, un nouveau lieu « sur mesure » est conçu par la même association pour l'accueillir à sa sortie d'hospitalisation. Ce dispositif d'hébergement est plus que jamais affirmé comme étant le « chez-soi » des adolescents en même temps qu'est renforcé son rattachement à l'institution pour remédier à l'isolement des permanents. De « lieu de vie » il est renommé « unité de vie » pour consacrer cette évolution. À partir des difficultés de l'accompagnement de Kevin s'est forgée sur quelques années une figure de la permanence, à la fois relationnelle et organisationnelle.

Au moment où nous prenons pour la dernière fois de ses nouvelles, Kevin va avoir 19 ans et vient d'être admis dans un foyer pour jeunes adultes en situation de handicap psychique où il pourrait concrétiser son envie de travailler dans un atelier mécanique. Ce passage s'est réalisé sans rupture depuis « l'unité de vie » au prix d'un accompagnement ardu de plusieurs mois en partenariat avec une équipe médico-sociale mobile. L'inquiétude partagée pour sa majorité approchant, au regard de son parcours discontinu, a été le moteur de cette anticipation collective.

Conclusion

Comparer des cas est fécond. Dans cette perspective, nous voudrions revenir sur ces deux figures respectivement mises en relief par la reconstitution des trajectoires d'Élie et de Kevin : nomadisme et résistance. Raisonner d'une situation à l'autre, en apparence très différentes, ne veut pas dire les opposer mais plutôt essayer de comprendre en elles un processus qui leur est commun[4].

À travers la figure du nomadisme, le premier cas insiste sur l'instabilité institutionnelle de ces mineurs placés. Cette expression (« nomade dans l'esprit ») à propos d'une succession d'échecs évidents n'est pas qu'un euphémisme. Elle veut dire pour les travailleurs sociaux qui y recourent la part active prise par l'adolescent dans cette mobilité. Sur ce point, nos deux ados se ressemblent. En prenant part, à travers leurs mouvements imprévisibles, ils se retrouvent en quelque sorte « directeurs de trajectoire » (Strauss, 1992), entraînant dans leur sillon l'action des professionnels et des institutions. Les « clashs » successifs de Kevin participent à la régulation d'une prise en charge partagée dont le revers est d'effacer le sujet. Le nomadisme, caractéristique commune à ces deux cas, est en cela une forme de résistance à cet effacement. Pour autant, Élie comme Kevin ne sont pas des nomades. Le nomade se déplace mais sait où il va, quand ce sont les institutions qui déplacent ces deux mineurs sans maîtriser là où elles les conduisent, sorte d'errance institutionnalisée. Et pour les deux, cela n'a que trop duré.

Le second cas met en lumière l'épuisement de cette logique qui s'obstine à passer d'un lieu à un autre pour répondre au problème du non-lieu. Il nous permet de tester pour des adolescents n'ayant eu de cesse d'être placés, et se projetant dans leur majorité, l'hypothèse du « un chez-soi d'abord » par analogie avec le dispositif d'accompagnement par le logement du même nom proposé à des personnes sans abri et en grande souffrance psychique. Cette analogie entre l'enfance placée et le sans-abrisme acquiert toute sa portée dans la comparaison avec le tournant que prend la trajectoire d'Élie lorsque, excédant la figure métaphorique du nomade, il devient réellement sans-abri.

La question « où il habite ? » est une caractéristique de ces adolescents que l'on dit difficiles (Gansel, 2016). Élie est passé d'un régime de placement à un autre sans que jamais les protagonistes se mettent autour de la table pour réfléchir à son cas. La figure de la résistance chez Kevin doit a contrario à cette « communauté de charge » (Esposito, 2000) advenue précisément autour de cette question et prenant corps durant huit ans dans un dispositif dit de prise en charge partagée, à la faveur entre autres d'une inscription de sa trajectoire dans le champ du handicap.

Le travail d'expérimentation qui a participé au destin de Kevin nous autorise à changer de perspective pour Élie et à imaginer ce qui se serait passé ou se passerait encore pour lui si l'on faisait de l'ancrage en un lieu – un lieu entouré d'une communauté de concernement – un préalable à tout accompagnement des mineurs. Élie serait-il sans domicile ?

Rien ne permet d'être prédictif quant aux destins d'Élie et Kevin, deux êtres qu'aucun ne saurait définir une fois pour toutes. La construction de leurs trajectoires ressemble plutôt à cette sorte de drame à trois personnages esquissée par Étienne Souriau ; un drame dans lequel la dualité de l'œuvre, celle à faire, encore virtuelle et dans les limbes, et celle qui est déjà plus ou moins sculptée, tracée, écrite, est essentielle à l'action instauratrice[5]. C'est à cette ouverture apportée par le philosophe que nous devons le titre de ce récit croisé de cas.

Bibliographie

Becker, H.S. 2014. *La bonne focale. De l'utilité des cas particuliers en sciences sociales*, Paris, La Découverte, 2016.

Esposito, R. 2000. *Communitas. Origine et destin de la communauté*, Paris, Puf.

Gansel, Y. 2016. « Où sont-ils ? Incertitudes professionnelles dans le traitement des adolescents "difficiles" », *Les cahiers de Rhizome*, n° 59, mars.

Goffman, E. 1975. Stigmate. *Les usages sociaux des handicaps*, Paris, Les Éditions de Minuit.

Laval, C. ; Ravon, B. 2015. *L'aide aux adolescents difficiles. Chroniques d'un problème public*, Toulouse, érès.

Lenzi, C. ; Pény, B. (sous la direction de). 2015. *L'ordre éducatif recomposé. De l'art de la prudence dans l'accompagnement des mineurs sous main de justice*, rapport final décembre 2015.

orspere-samdarra. 2016. *La professionnalité à l'épreuve des adolescents en grande difficulté. Enquête sur les pratiques de soutien aux professionnels*, rapport final de recherche, juillet 2016.

Passeron, J.-C. ; Revel, J. 2005. « Penser par cas. Raisonner à partir de singularités », dans *Penser par cas*, Paris, éditions de l'ehess.

Potin, É. 2012. *Enfants placés, déplacés, replacés : parcours en protection de l'enfance*, Toulouse, érès, 2017.

SOURIAU, É. 1956. « Du mode d'existence de l'œuvre à faire », *Bulletin de la Société française de philosophie*, vol. 50, n° 1, séance du 25 février 1956, p. 4-24.

STRAUSS, A. 1992. *La trame de la négociation. Sociologie qualitative et interactionnisme*, textes réunis et présentés par I. Baszanger, Paris, L'Harmattan.

Notes

1. Pour Béatrice Deries, il s'agit du volet d'une recherche portée par l'ORSPERE-SAMDARRA en partenariat avec le centre Max-Weber, sous la direction de Bertrand Ravon et Halima Zeroug-Vial : ORSPERE-SAMDARRA, *La professionnalité à l'épreuve des adolescents en grande difficulté. Enquête sur les pratiques de soutien aux professionnels,* rapport final de recherche, 2016. Pour David Grand, il s'agit d'une recherche portée par l'ESPASS de l'IREIS en partenariat avec l'ERP pour le compte de la mission Droit et justice : Catherine Lenzi et Bernard Pény (direction scientifique), *L'ordre éducatif recomposé. De l'art de la prudence dans l'accompagnement des mineurs sous main de justice,* rapport final, décembre 2015.

2. Pour schématiser, chaque équipe a combiné lecture et analyse des dossiers des mineurs, entretiens individuels et entretiens collectifs avec les intervenants acteurs de la prise en charge.

3. La commission de prise en charge partagée est l'un des dispositifs de soutien aux professionnels mis en place dans le cadre du schéma départemental de la protection de l'enfance, à la suite des recommandations de la loi de protection de l'enfance de 2007. Elle fait partie de ces instances à double préoccupation : la santé des adolescents et le collectif de prise en charge (Laval et Ravon, 2015).

4. Nous laissant porter par l'intuition de notre « choc de reconnaissance » initial, nous retiendrons cette proposition d'Howard Becker, qu'il appelle « raisonner par analogie » et présente comme le moyen le plus simple d'utiliser des cas particuliers pour en expliquer d'autres plus déconcertants (Becker, 2016, p. 58).

5. Le troisième personnage de cette dramaturgie de Souriau est « l'homme qui a la responsabilité de tout cela, qui, par ses actes, tente de réaliser la mystérieuse éclosion de l'être dont il a pris la responsabilité » (Souriau, 1956, p. 205).

RÉSUMÉ

On les catégorise « ados difficiles » ou « incasables ». Mais qui sont-ils au juste ? Quelles sont les dynamiques de leurs trajectoires biographiques et interinstitutionnelles ? À partir de la présentation et de l'analyse croisées de deux cas, notre article vise à questionner les certitudes et à rouvrir des possibles quant à la considération et à l'accompagnement de ces jeunes.

MOTS-CLÉS

Ados difficiles, incasables, parcours éducatif, institution, accompagnement, ressources, ruptures, permanence.

Entre contrainte et soin médiatisé, le tissage du lien en UMD

IRÈNE KATSAROS
Ergothérapeute DE.

LUCIE DURR
Psychomotricienne DE.

Le contexte du soin en UMD

Les Unités pour malades difficiles (UMD) accueillent des personnes, hommes ou femmes, adultes ou mineurs, souffrant de pathologies psychiatriques qui présentent « un potentiel de dangerosité pour elles-mêmes ou pour autrui[1] ». Face à une clinique extrême, il semblerait donc nécessaire d'imposer une réponse institutionnelle et sociétale extrême : celle de l'enfermement, de la privation de liberté individuelle, de la prise en soin forcée de l'individu gravement malade. Peut-être devrait-on même dire « individu malade et difficile » pour reprendre la notion explicitée dans « UMD ». Profondément souffrants, chimio-résistants, aux vécus douloureux, aux multiples carences environnementales, aux passages à l'acte multiples, souvent d'une extrême violence… Autant de profils que d'individus. Ces personnes sont temporairement admises derrière de grands murs gris et des portes lourdes, contre leur gré.
Le plus souvent, leur arrivée fait suite à de multiples échecs thérapeutiques dans d'autres lieux de soin, avec pour conséquence un manque de confiance envers le soin en général et les soignants en particulier. Dès leur admission en UMD, la question de la relation est donc complexe et potentiellement source de souffrance, déjà teintée par le passé de déceptions ou de vécu d'abandon.
Dans ce contexte, la question de l'alliance thérapeutique apparaît fondamentale : comment créer une relation de confiance qui, à terme, pourrait permettre l'observance aux soins et l'ébauche d'une critique ou d'une prise de recul sur la maladie ? Comment réussir à impulser un nouveau souffle alors que jusque-là aucune thérapeutique n'a pu être à la fois efficace et pérenne ?

La place des médiations dans le soin

À l'heure où la psychiatrie s'oriente vers une approche centrée sur le sujet acteur et participant, au cœur de ses soins, considéré comme un individu citoyen possédant un pouvoir d'agir sur son environnement, les questions éthiques au sein de l'UMD se posent quotidiennement.

Ce contexte d'intervention pousse nécessairement les professionnels à une inventivité et une créativité sans cesse renouvelées ainsi qu'à une prise de conscience de leurs propres limites. Le questionnement éthique posé par l'hospitalisation sous contrainte, la pression résultant d'une obligation de résultats après les échecs thérapeutiques répétés, ainsi que notre engagement professionnel nous amènent à nous poser en équipe pour « panser » et re-penser le soin.

À travers l'exemple de l'UMD au sein duquel nous travaillons, nous souhaitons réinterroger les modalités du tissage d'un lien thérapeutique entre une personne en soin sous contrainte et le thérapeute. Quelle place est donnée aux possibilités d'action et aux espaces de jeu dans un lieu de privation de liberté ? Face à un cadre structurant et ferme, d'un point de vue architectural, humain, matériel, organisationnel, les espaces d'activités médiatisées sont pensés comme des espaces de liberté. Les médiations permettent la transformation, la réminiscence, l'éprouvé, l'expérience. Pouvoir s'essayer à jouer à l'intérieur-même d'un cadre ferme et rigide devient un objectif de séance à part entière. Pour que les activités à médiations deviennent un espace transitionnel tel que l'a décrit Winnicott[2], le patient doit se sentir en sécurité, en confiance.

En psychomotricité comme en ergothérapie, un espace à jouer et à créer est proposé aux personnes en soin. D'abord lieux de liberté et de rêverie, ces espaces sont également des lieux de relation, de création d'un lien qui peut donner un support et un sens au soin.

Élodie ou l'histoire d'une alliance difficile à trouver

Élodie est une jeune patiente de 25 ans souffrant de schizophrénie paranoïde résistante. Le service de secteur dans lequel elle est hospitalisée depuis plusieurs années se trouve dans une véritable impasse thérapeutique. En effet, ayant déjà multiplié les hospitalisations sous contrainte, et cela sans aucun résultat clinique notable, son consentement aux soins est particulièrement fragile.

Elle est adressée à l'UMD dans le cadre de graves troubles du comportement avec multiplication des passages à l'acte violents hétéro-agressifs.

À son arrivée, elle présente un délire multithématique de persécution, d'interprétation et de méfiance. Elle est dans le déni complet de ses symptômes et est décrite comme sombre et imprévisible.

Durant un an et demi d'hospitalisation à l'UMD, Élodie connaîtra finalement une évolution surprenante, après avoir suscité de nombreux questionnements de notre part. Nous retranchant dans nos limites professionnelles et personnelles, et nous interrogeant sur les objectifs thérapeutiques envisageables, ce suivi nous a permis de percevoir une notion essentielle : lorsque le lien n'est pas comme nous nous l'étions représenté, lorsque nous ne percevons pas clairement d'évolution clinique, cela ne signifie pas qu'il ne se passe rien ou que le lien n'existe pas déjà.

Quand patients et thérapeutes se rencontrent…

À l'UMD où nous exerçons, le Pôle d'activités médiatisées (PAM) est un bâtiment à part, où travaillent ensemble les membres d'une équipe pluri-professionnelle composée de :

un éducateur sportif, un aide-soignant, un infirmier, une psychomotricienne et une ergothérapeute. L'équipe propose, une après-midi par semaine, un temps spécifique appelé « temps renforcé ». Il a deux vocations : celle d'accueil des patients nouvellement arrivés, et celle d'accueil des patients dont l'état clinique nécessite une contenance importante. Dans le premier cas de figure, l'objectif est de présenter au patient la structure, et les possibilités de soins par la médiation. Dans le second, le ou les patients viennent pour une activité thérapeutique définie.

Bon nombre d'entre eux ayant eu accès auparavant à des services psychiatriques, la psychomotricité et l'ergothérapie sont des soins qu'ils connaissent déjà et qui peuvent leur évoquer des souvenirs, bons ou mauvais. Séances de relaxation, de gym douce, atelier de poterie ou de vannerie sont autant de supports potentiels pour amorcer l'ébauche d'une relation.

Durant les temps dits « renforcés », les personnes sont principalement orientées vers le gymnase. C'est alors assise sur le rameur, debout sur le vélo elliptique, ou allongée sur le banc de musculation que le lien se tisse petit à petit. Les premiers échanges, les discours, les attitudes, les comportements et les postures sont autant d'informations qui nous renseignent sur leurs capacités et incapacités, mais aussi sur leur état d'esprit.

À partir de cette première rencontre et en fonction des envies de la personne, nous établissons un premier programme de soins médiatisés en concertation avec le médecin et les équipes soignantes.

Entre rivalité et méfiance, la recherche du lien avec Élodie

L'image que nous retenons de notre première rencontre est celle d'une jeune femme au visage tantôt fermé, le regard fixe et pénétrant ; tantôt arborant des sourires crispés. La tension interne est palpable derrière un comportement très obséquieux en surface qui met à distance.

Durant la visite, elle évoque d'un ton catégorique ne s'intéresser qu'au sport et éventuellement aux activités d'atelier. Ces activités sont proposées par des professionnels masculins. Elle refuse d'entrer dans les salles de psychomotricité et d'ergothérapie qui sont représentées par deux femmes. Ces notions de séduction avec les hommes et de rivalité avec les femmes sont également observables dans l'unité de soins, complexifiant le contact.

Au cours de la séance qui suit sa première visite, Élodie demande à la psychomotricienne de jouer au basket. Durant toute la partie, elle l'accuse de mal jouer volontairement et n'accepte pas de se trouver confrontée à ses propres limites, préférant mettre en cause les traitements médicamenteux. Malgré les explications de la psychomotricienne, elle n'a de cesse de se dévaloriser durement à chaque panier manqué puis demande brutalement à arrêter la partie, ne supportant pas de se montrer dans cet état. Derrière une hostilité apparente, cette interaction révèle une jeune femme dans une extrême souffrance et met en lumière une certaine rivalité féminine.

L'approche corporelle en psychomotricité

Après ce premier temps de prise de contact et d'évaluation, nous commençons par lui proposer une séance de sport, seule activité pour laquelle elle dit être intéressée. Ainsi, répondant à sa première demande, nous construisons nos objectifs thérapeutiques autour de ces séances de sport : elles ont

Pensant tout d'abord la patiente motivée et investie au cours des séances thérapeutiques, nous nous apercevons rapidement que celle-ci refuse d'entrer dans une relation authentique. Les contacts demeurent superficiels. Son investissement n'apparaît que de façade dans les séances. Effectivement, Élodie reste dans la position de quelqu'un qui subit le soin. Sa participation n'est pas active mais répond simplement à une demande, une « prescription », du psychiatre référent. Progressivement, les objectifs thérapeutiques sont alors revus à la baisse et nous rencontrons l'impasse thérapeutique redoutée, déjà maintes fois vécue précédemment par la patiente.

Le sentiment qui grandit du côté des professionnels est un découragement général : « À quoi bon, puisqu'on n'y arrive pas ? » La fin de la prise en charge semble se profiler.

Cette impasse perdure, à notre égard, durant plusieurs mois. Tentant un désamorçage de cette situation bloquée, nous essayons de chercher Élodie sur différents plans. Nos stratégies avortées nous poussent progressivement à interroger la patiente sur sa réelle motivation, soulignant l'aspect passif de son comportement et nos difficultés propres. Cependant, les verbalisations restent identiques, pauvres, plaquées. La patiente semble évoluer dans une volonté de maîtrise et une rationalisation ne permettant pas l'instauration d'un lien thérapeutique de confiance. Qu'avons-nous à lui apprendre à elle qui, n'ayant ni difficultés ni troubles, souhaite uniquement sortir d'entre ces murs ? Les séances d'ergothérapie s'arrêtent d'ailleurs dans ce contexte.

La rencontre avec les limites : un support relationnel ?

C'est finalement au moment où nous mettons fin au groupe terre qu'Élodie commence à se dévoiler. Elle évolue dans l'incompréhension de notre décision, à la limite d'un sentiment de trahison de notre part. C'est alors qu'elle exprime enfin tout l'intérêt qu'elle porte à ces activités, de manière authentique. Concernant la psychomotricité, elle évoque que cela lui permet de « mieux ressentir ses os » et que « ça fait du bien ».

Progressivement, nous prenons conscience d'une notion essentielle de son fonctionnement sans nuances : c'est seulement après nous avoir poussées dans nos retranchements respectifs que le dialogue pouvait finalement s'instaurer. Élodie semble avoir eu besoin d'expérimenter une forme de rupture, d'aller toucher la limite, pour qu'enfin puisse s'amorcer le travail dans lequel nous souhaitions l'accompagner dès le départ, consistant à mettre plus de nuances et de souplesse dans son fonctionnement psychocorporel. Nous réalisons alors qu'un véritable lien de confiance s'est instauré avec nous malgré une volonté de nous tenir à distance durant cette première période de soins. Le temps et l'important travail de contenance offert par le cadre de soin de l'UMD sont peut-être également ce qui a permis à la patiente ainsi qu'aux thérapeutes d'atteindre cette limite et de la travailler de manière sécure et bienveillante.

Entre apparences et authenticité, un pas à franchir

Après un temps de véritable crise relationnelle, mêlant des verbalisations crues et franches de la patiente qui se sentait trahie et abandonnée, la situation a progressivement évolué favorablement. La déstabilisation engendrée par cette « crise » est ce qui a remis du mouvement dans la relation. Désormais en mesure de faire appel à ses ressentis à travers une mise en mots authentique et cohérente, Élodie a pu dépasser cette angoisse abandonnique que nous avions réactivée, pour chercher auprès de nous une relation thérapeutique pérenne. Cela nous a permis de comprendre qu'en réalité la relation existait déjà bien avant le temps de la crise, mais différemment de ce que nous avions imaginé.

Avec cette nouvelle base de travail, nous avons pu assister à une évolution significative d'Élodie. Le travail en psychomotricité et celui en ergothérapie ont eu pour objectif commun de travailler sur la notion de nuances et la prise d'initiatives afin de l'amener à devenir davantage actrice de son soin, et non plus de le subir comme cela était le cas jusqu'à présent. En psychomotricité, les objectifs thérapeutiques étaient de travailler sa mémoire et son imagination, en proposant des mouvements et des exercices à tour de rôle, et d'accentuer la verbalisation des ressentis lorsque c'était possible.

Accepter de prendre une part plus active dans son soin lui a permis de se renarcissiser, de remettre du mouvement et plus de souplesse dans une pensée jusqu'ici très rigide. Cela a aussi permis de retrouver dans son corps une possibilité de nuance tonique. La patiente n'avait plus besoin d'aller jusqu'à la douleur pour ressentir son corps, elle pouvait réguler un exercice en fonction de sa difficulté de manière à pouvoir aller jusqu'au bout en respectant ses capacités physiques. Ces limites personnelles ne devenaient plus insupportables mais commençaient à s'intégrer et à se relativiser. L'autre n'était plus perçu comme un rival mais comme une personne avec des capacités et des difficultés différentes.

Étant à ce stade dans un véritable processus d'inscription dans le soin, Élodie a débuté alors des séances individuelles en ergothérapie. Les axes thérapeutiques se sont orientés vers la notion de prise de plaisir, sur l'aspect créatif et l'intégration des nuances, favorisant ainsi la renarcissisation. Se saisissant pleinement du dispositif de soin en ergothérapie, Élodie a su être attentive aux étapes du processus créatif, les mettre en mots, accepter progressivement la place du thérapeute comme garant et porteur du cadre. Partant d'une absence d'estime d'elle-même et d'une mise à distance franche et ferme, elle a accepté l'aide, l'a comprise, parfois même l'a recherchée.

En ergothérapie, elle n'a alors eu de cesse de me surprendre, jusqu'à la fin de son séjour. C'est ainsi que, quittant l'UMD, elle s'est spontanément attachée à s'inscrire de manière stable dans la salle d'ergothérapie, en y laissant une trace : un dessin, accroché sur le mur, dont elle semblait fière. Elle qui, initialement, souhaitait quitter cette structure et refusait cette salle m'indiquait désormais qu'elle y avait vécu, évolué, dans un vrai processus de soin. Dans la relation thérapeutique, la conclusion est identique. C'est donc un dessin qu'elle m'offre, inscrivant « au revoir et merci, c'était bien ». C'était bien, donc. Malgré les litiges, malgré les questionnements, malgré la trahison. C'était bien, parce que c'était.

Conclusion

Dans un univers psychiatrique, et peut-être plus particulièrement celui des unités pour malades difficiles, l'alliance thérapeutique est la première notion que nous tentons de développer. Ce lien, aussi précaire et instable soit-il, se manifeste parfois de manière imprévisible, inattendue.

Notre bagage théorique et nos pratiques professionnelles nous poussent à imaginer un lien utopique ; celui du contact visuel serein, de la verbalisation spontanée et authentique, du dialogue pérenne. Ainsi, reprenant les notions de Carl Rogers concernant l'approche centrée sur la personne, nous fantasmons qu'elles permettent forcément d'instaurer une relation d'aide telle que nous l'imaginons. Cependant, les personnes que nous tentons d'aider nous rappellent une notion que nous avons tendance à oublier : quelquefois, le lien instauré n'est pas celui qui était envisagé, sans pour autant qu'il soit néfaste, destructeur. Celui-ci peut nous sembler, en tant que thérapeutes, presque inexistant. Mais il est là, quelque part, entre une musique douce et un coloriage. Il s'établit dans ces moments privilégiés, se tisse dans les créations, les mouvements, le respect mutuel, se stabilise dans les discussions. Et, enfin, perdure malgré nous dans l'après, motivant alors à écrire nos réflexions et notre questionnement, à les faire partager.

Bibliographie

Bioy, A. ; Bachelart, M. 2010. « L'alliance thérapeutique : historique, recherches et perspectives cliniques », *Perspectives psy*, n° 49, p. 317-326.

Carka, D. ; Beloin, I. ; Béraud, P. 2013. « Quelles pratiques cliniques autour de l'enfermement ? », *Canal psy*, n° 105, dossier « Soin et enfermement », p. 17-19.

Daval, R. 2008. « Les fondements philosophiques de la pensée de Carl Rogers. Approche centrée sur la personne », *Pratique et recherche*, vol. 8, n° 2, p. 5-20.

Defiolles-Peltier, V. 2008. « Prise en charge en psychomotricité des patients hospitalisés sous contrainte », *Soins psychiatriques*, n° 256, p. 33-37.

Gorry, D. 2013. « Prise en charge thérapeutique en milieu pénitentiaire. Spécificité de la place du psychologue et du soin psychique auprès de "patients-détenus" », *Canal psy*, n° 105, dossier « Soin et enfermement », p. 12-16.

Ravit, M. 2013. « Soin et enfermement », *Canal psy*, n° 105, dossier « Soin et enfermement », p. 5-6.

Rogers, C.R. 1951. *L'approche centrée sur la personne*, Lausanne, Randin, trad. H.G. Richon, 2001.

Roth, E-M. ; Heitzmann, E. 2008. « Les ateliers d'ergothérapie dans un service psychiatrique fermé (unité pour malades difficiles) », *Travailler*, n° 19, p. 81-102.

Winnicott, D.W. 1953. *La mère suffisamment bonne*, Paris, Petite bibliothèque Payot, 2006.

Winnicott, D.W. 1975. *Jeu et ré*alité, Paris, Gallimard, 2007.

Notes

1. Arrêté du 14 octobre 1986 : « Les patients relevant d'une unité pour malades difficiles doivent présenter pour autrui un danger tel qu'ils nécessitent des protocoles thérapeutiques intensifs adaptés et des mesures de sûreté particulières, mis en œuvre dans une unité spécialement organisée à cet effet ».

2. D.W. Winnicott (1975), *Jeu et réalité*, Paris, Gallimard, 2007

3. D.W. Winnicott (1953), *La mère suffisamment bonne*, Paris, Petite bibliothèque Payot, 2006.

Résumé

La pratique soignante en unité pour malades difficiles invite à la réflexion sur la singularité des relations cliniques qui peuvent s'y instaurer. Dans un contexte où le patient est dans le refus et parfois l'opposition agressive aux soins, comment aborder la question de l'alliance thérapeutique ? Une situation clinique permet ici d'illustrer la complexité du tissage de ce lien dans deux espaces de soin médiatisés que sont l'ergothérapie et la psychomotricité.

Mots-clés

Psychomotricité, ergothérapie, umd, relation thérapeutique, médiations.

Le temps de la rencontre : un espace en psychomotricité ?

MATHILDE MANOUVRIER
Psychomotricienne en CPEA (Centre psychothérapeutique pour enfants et adolescents) dans le Morbihan, et participant au groupe « Petit Jean » du cereda (Centre d'étude et de recherche sur l'enfant dans le discours analytique).

Les premières rencontres avec un enfant sont toujours des moments particuliers. C'est le temps de la mise en place des bases du cadre mais surtout de la relation, nécessaires pour être thérapeutiques.

Léa a 7 ans lorsque je la rencontre. Elle n'a pas de plaintes, ni de demandes. L'école constate qu'elle omet la partie gauche de sa feuille lorsqu'elle écrit, qu'elle a des difficultés d'équilibre, et conseille un bilan psychomoteur. Ce dernier confirme les observations de l'école : une difficulté dans son axe corporel, tant au niveau graphique qu'au niveau corporel, mais aussi une difficulté de régulation tonique. En réponse à ces observations, symptômes de Léa, un suivi en psychomotricité est mis en place. Nos rencontres m'ont amenée à m'interroger sur ma place, mais surtout sur ma fonction en tant que psychomotricienne dans son suivi.

Lors du retour du bilan avec sa mère, celle-ci me rapporte ses difficultés pour communiquer avec sa fillette, qui ne lui parle pas. Pourtant, elle a appris que des camarades de sa classe la questionnent sur son père et lui disent qu'il est mort. Madame exprime alors ses propres difficultés pour parler à son enfant de son père qu'elle n'a jamais connu. Je la dirige vers le psychiatre concernant cette question ; il les rencontrera dans un premier temps toutes les deux. L'opposition et le silence de Léa lors de ces entretiens amènent le psychiatre à proposer des rencontres seul avec madame en parallèle de mes rencontres en individuel avec l'enfant.

La rencontre

Léa se présente avec une immaturité dans sa relation avec moi, cherchant systématiquement la présence physique de l'adulte à côté d'elle, exprimant ses émotions par onomatopées et parlant avec une intonation « bébéifiée ».

Lors des premières séances, je lui propose des jeux corporels avec pour intention de travailler sur les difficultés qu'elle rencontre. Mais elle ne les investit pas, elle ne prend pas plaisir à faire ces jeux, montrant peu d'enthousiasme et affirmant son échec – « je ne vais pas y arriver » – avant même que je lui explique la consigne. Elle est intéressée par les jeux de dînette, elle me demandera régulièrement si nous pouvons y jouer. Elle argumentera : « Je ne peux pas y jouer à la maison, il est au cagibi », et puis plus tard : « Maman l'a caché, parce que c'est un jeu de bébé ». Constatant l'inefficacité de mes propositions, je renonce alors à mon désir de soigner à l'endroit où je pensais (pansais) qu'il fallait le faire et décide de la suivre dans ses jeux. Nos séances vont ainsi être l'endroit d'une « régression autorisée » semblant impossible chez elle. « Il n'y a aucune définition possible du thérapeutique si ce n'est la restitution d'un état premier[1] », signifiait Jacques Lacan ; l'endroit de cet état premier pourrait-il être dans ces premiers jeux symboliques pour cette fillette ?

Clivage corporel/clivage psychique… Droite/gauche et filles/garçons

Le jeu de la dînette dans lequel Léa m'emmène ressemble plus à la constitution d'une famille monoparentale. Elle joue alors ma mère, se prénommant comme la sienne, mais elle y intègre aussi un bébé, une fille, parce que « les filles c'est mieux », à laquelle elle reste très attachée. Elle a besoin de me diriger pendant ces séances, me donnant le rôle de sa grande fille, assez grande pour être indépendante, et me faisant remarquer si je ne joue pas comme elle le souhaite. Elle me dira qu'elle « aime trop le jeu du papa et de la maman ». Je fais alors le constat de l'absence de papa dans notre jeu, qu'elle justifiera par « ça ne sert à rien ».

Au cours de ces séances, Léa met d'abord en avant un rejet du masculin en tant que père. À l'instar du clivage vertical constaté lors du bilan psychomoteur et à l'école – cet axe corporel séparant (mais aussi reliant) le côté droit du côté gauche du corps –, elle semble avoir divisé les sexes : les filles c'est bien, les garçons ça ne sert à rien.

Plus tard, elle abandonnera le jeu du papa et de la maman et voudra jouer aux Playmobils. Elle décide du personnage que je dois jouer et dirige le scénario. Le début du jeu montre un déroulement identique d'une séance à l'autre. Léa choisira un personnage féminin qui s'appelle comme elle et ce sera en réalité son corps à elle qui jouera, s'adressant directement à moi quand son personnage interpelle le mien. Mon personnage est un adulte masculin ; d'ailleurs cela lui pose un « problème » si je souhaite changer de personnage car on « serait toutes les deux des filles ».

Le scénario qu'elle organise se présente de la manière suivante : nous sommes voisins, et je suis nouvel arrivant. Mon personnage devra alors frapper à sa porte, mais elle ne répondra pas. Son personnage viendra peu de temps après chez le mien lui demander de l'aide pour faire des travaux. Elle l'invite ensuite à dîner. À un moment, Léa me dira de ne pas regarder parce qu'elle (son personnage) va nager dans sa piscine toute nue ou dit : « Je ne veux pas aller dans la piscine car si le voisin est un homme, je ne veux pas qu'il me voie toute nue. » La suite du scénario peut varier d'une séance à l'autre. Je constate pour autant qu'elle est comme attirée par mon personnage, elle le suit partout, l'interpelle régulièrement. Elle cherche à fuir seulement si mon personnage répond à cette présence.

Dans son jeu avec les Playmobils, elle questionne le masculin. En effet, il ne m'est pas possible de jouer un personnage féminin, elle joue la relation entre garçon et fille ou plutôt entre homme et femme. En réalité, c'est elle qui joue, son corps à elle qui se mobilise en même temps qu'elle anime l'autre Léa Playmobil. « Le jeu est l'un des moteurs puissants d'intégration, d'élaboration et

de transformation d'expériences concrètes en "matières symboliques", qui vont [...] établir des concordances entre ce qui se vit, se touche, se sent, s'éprouve, et ce qui se pense[2]. »
Comme l'écrit F. Georges, il s'agit « de consentir à se faire le point d'où [le sujet] puisse inventer sa réponse[3] ». En me laissant guider, elle a pu jouer une autre Léa (et moi quelqu'un d'autre). C'est cela ainsi que la répétition au sein de nos séances qui ont permis notre rencontre, ce qui était impossible lorsque je lui demandais de mobiliser son propre corps.

Difficulté de séparation, d'individuation – un lien dans le corps

Lorsque je revois Léa après le bilan, elle me dira qu'elle n'arrive pas à se séparer de « nounours » quand elle quitte sa maison : elle le laissera dans la voiture pour aller à l'école et l'amènera jusque dans la salle d'attente au CPEA. Les séances suivantes, elle amènera systématiquement une peluche puis plusieurs objets de la maison, qu'elle me présentera comme ses « amis ». Elle me dira que c'est pour jouer avec eux en séance. En effet, elle les anime et joue presque seule avec eux, je la vois alors papillonner dans la pièce, ne semblant accrocher à aucun jeu vers lequel elle va ou que je lui propose. Elle accepte ma demande d'en limiter le nombre et pourra finalement laisser cet objet avec sa mère en salle d'attente pour ne plus en apporter du tout maintenant.
En définitive, ce que je constate au cours du bilan, c'est que le corps de Léa est peu autonome : le support de l'adulte est essentiel. A. Bullinger explique la nécessité de ce support sur le corps de l'adulte dans le développement sensori-moteur de l'enfant à condition qu'il ne soit pas une finalité. « Il faut concevoir l'appui nécessaire sur le milieu humain comme un trampoline [...], plutôt que comme un refuge que l'on a de plus en plus de peine à quitter[4]. » Léa n'arrive pas à se détacher du corps de l'adulte, elle ne le prend pas en appui comme tremplin mais comme indispensable pour faire ses expériences. Ses difficultés de régulation tonique ressemblent plutôt à un effondrement corporel dans les bras (le corps ?) de l'adulte. En effet, Léa n'arrive pas à s'adapter au tonus de l'autre, elle s'abandonnera rapidement « toniquement » dans l'autre. A. Bullinger développe aussi cet aspect de la relation tonique comme support pour finalement réussir à se détacher de l'autre : « Subir et faire subir permet un progressif détachement de l'espace de fusion créé par le dialogue tonique, autorisant la constitution d'une identité propre[5]. » Cette difficulté de Léa à s'individualiser se retrouve corporellement mais également dans sa pensée.
Effectivement, elle a un discours plaqué à celui de sa mère, ainsi il est difficile de percevoir ce qu'elle pense réellement. Un jour, madame m'interpelle parce que Léa écrit en tout petit, ce qui rend son écriture illisible. Je la questionne sur cela et elle me répond que c'est sa mère qui le lui a demandé. En effet, sa maman lui avait dit d'écrire « plus petit ». Léa répond ainsi au désir de sa mère. Ces observations de dépendance à l'adulte font penser à un enfant plus jeune que son âge, et sont cohérentes avec l'immaturité que je retrouve dans sa relation et son comportement à l'autre.
Je me rends compte un jour de la très grande inquiétude de Léa provoquée par l'absence de sa mère dans la salle d'attente. À l'arrivée de sa maman, souriante, elle lui signifiera que « ce n'est pas drôle ». Une seconde fois, elle tapera sa maman à son arrivée, tout en lui disant « je vais te tuer ». Au cours de l'entretien de fin d'année, madame évoque ses difficultés pour

s'éloigner de sa fille, « même deux ou trois jours ». Léa et sa maman passent tout leur temps ensemble. Lors des entretiens avec le médecin, madame explique qu'elle « n'arrive pas à couper le cordon avec [sa fille] parce qu'elle n'a pas coupé le cordon avec ses parents ». Elle ajoute qu'elle « ne pourra pas avoir de compagnon s'il ne convient pas à Léa ».

À la rentrée scolaire, après les grandes vacances, madame aimerait que son enfant se débrouille un peu plus toute seule afin d'avoir plus de temps pour elle. Elle ne peut pas inviter du monde à la maison car sa fillette est tout le temps derrière elle à vouloir jouer, « elle n'accepte pas que je sois avec d'autres personnes », « elle a peur que je l'abandonne ».

Lors des rendez-vous seule avec le médecin psychiatre, madame racontera leur histoire. Léa est née d'une relation adultérine alors qu'elle pensait ne pas pouvoir avoir d'enfants. Lorsqu'elle a appris cette grossesse, elle ne l'a « dit à personne » et a déménagé en Bretagne pour avoir de la famille à la naissance de son bébé. Les médecins lui disaient de « ne pas s'attarder, car [l'embryon] ne tiendra pas », pourtant Léa est née le 25 décembre – « c'était le jour que [madame] détestait le plus ». Le rejet de ses frères et sœurs, parlant de son enfant comme d'une « bâtarde », s'est accentué, jusqu'à finalement couper les ponts il y a quelque temps.

Lors d'un week-end en Normandie, Léa a vu son père sans savoir le lien qui les unit. Pour autant, elle fera remarquer que lui est noir, sa maman est blanche et qu'elle, elle est entre les deux… Elle a pourtant la peau blanche.

Dans le même temps, je remarque en séance que Léa a grandi. Elle se détache petit à petit des jeux de Playmobils et prendra plaisir à faire des jeux plus moteurs, mais aussi de détente et de ressentis corporels. La médiation par une « autre Léa » ne semble plus nécessaire pour être avec moi en séance. Son discours est moins confus et paraît plus authentique, elle pose des mots sur son vécu. Lorsque je lui parle du changement que j'observe dans son comportement, elle acquiesce et me confie alors qu'elle a « un secret » avec sa maman. Cela correspond également au moment où madame a rencontré un ami. C'est Léa qui m'en parlera : « Il vient dormir à la maison alors qu'il n'a pas le droit de quitter son camion », se plaignant qu'il accapare l'attention de sa mère qui « ne joue plus avec [elle] ».

Madame fait le même constat du changement de sa fille lors de sa dernière rencontre avec le psychiatre : « Léa va bien depuis qu'elle a coupé ses cheveux, elle ne fait plus de crises dans les magasins. » Un entretien avec la maîtresse me permet d'apprendre que même si des difficultés de motricité persistent, elle écrit maintenant à la marge gauche et s'y tiendra. Léa me fera savoir quelques séances plus tard que sa maman se demande quand est-ce qu'elle arrêtera la psychomotricité. Je la questionne alors sur ce qu'elle en pense. Elle me répond qu'elle veut continuer pour « travailler l'écriture ».

Léa continue les séances en psychomotricité avec sa propre demande de travailler l'écriture mais aussi d'autres explorations corporelles qu'elle réussira à réaliser seule, sans la présence physique de l'adulte pour l'aider. Corporellement, elle se tient plus, son corps semble davantage lui appartenir. Psychiquement, elle évoquera plus facilement ce qu'elle ressent, nous pourrons d'ailleurs jouer sur l'identification des différentes émotions qui la traversent, sans que cela soit un discours plaqué.

C'est quand le corps de sa mère est occupé par son ami que sa fille arrive à se réapproprier son corps. La présence physique de madame tout comme notre dispositif séparant les espaces pour l'enfant et pour sa mère et la parole qui a pu s'en dégager ont permis l'instauration d'un tiers. Ces tiers, séparateurs aussi bien corporel que psychique entre Léa et sa mère, ont permis une individuation de l'enfant.

Conclusion

Nous pouvons régulièrement, en tant que psychomotriciens, être confrontés à des prises en soin où l'enfant veut nous montrer autre chose que ce que nous voulons travailler avec lui... Le questionnement est alors : dois-je le suivre dans ses inventions, au risque de peut-être ne plus me retrouver en tant que « psychomotricienne qui travaille à partir du corps », ou dois-je persévérer à instaurer un cadre le contraignant à réaliser mes demandes, mes désirs ?

L'enfant qui arrive en psychomotricité survient avec un symptôme touchant son corps. Dans ma pratique, je me rends compte que c'est souvent l'enfant qui nous oriente dans notre manière de travailler. Pourtant, pour que cela se fasse, nous devons prendre le temps de le rencontrer, de nous laisser guider par lui, sans attente première de résultats. J'ai travaillé dans un service où l'on demandait à chaque professionnel de ne pas être « psychomotricien, orthophoniste, éducateur, psychologue », mais de rencontrer les enfants tels qu'ils se présentaient. Il s'agissait alors d'être des cliniciens avant d'être des spécialistes. C'est ce temps de la rencontre qui permet, comme le souligne F. Georges, de tenir une position éthique, de « soutenir une présence qui ne soit pas sans conséquence, sans chercher à produire une action dans le but d'obtenir un résultat[6]».

Notes

1. J. Lacan, « Proposition du 9 octobre 1967 sur le psychanalyste de l'école », dans *Autres écrits,* Paris, Le Seuil, 2001, p. 246.
2. C. Potel, *Être psychomotricien*, Toulouse, érès, 2013, p. 348.
3. F. Georges, « Histoire(s) d'invention(s) en psychomotricité », dans S. Pawloff (sous la direction de), *L'art d'inventer l'existence dans les pratiques médico-sociales,* Toulouse, érès, 2010, p. 151.
4. A. Bullinger, *Le développement sensori-moteur de l'enfant et ses avatars,* Toulouse, érès, 2013, p. 157.
5. *Ibid.*
6. F. Georges, *op. cit.,* p. 159.

Résumé

Travailler avec un enfant, un adolescent ou même un adulte dans le soin signifie travailler « pour » eux, mais aussi et surtout un travail « sur » eux. Ces prépositions, fondamentales, permettent de situer le soin par rapport au sujet. L'espace et le temps, notions essentielles au psychomotricien, ont également cette fonction de repère. Dans le cadre de séances en psychomotricité, la nécessité de prendre le temps pour rencontrer le sujet, en tant que clinicien, avant de le « mettre au travail », corporellement parlant, est primordiale. Mais « rencontrer » le sujet n'est-il pas déjà une mise au travail de ce dernier ? Exemple avec Léa, une enfant suivie en psychomotricité.

Mots-clés

Psychomotricité, rencontre, individuation, axe corporel.

Passez-moi le sel s'il vous plaît

THOMAS BONIFAIT
Psychologue.

Voilà quelques lignes que je propose ici de partager après quelques paroles échangées qui ont retenu mon attention et qui témoignent plus largement du nécessaire appui sur notre humanité comme point de départ possible à tout travail thérapeutique.
Partons d'un détail qui n'en est pas un. Des professionnels de santé témoignent que dans certains services aujourd'hui, ce qui s'appelle « repas thérapeutique » prend la forme d'une table pour les soignants et d'une table pour les patients. Un repas sans mélange. Une association d'idées me vient tout de suite, renvoyant au vieil adage « on ne mélange pas les torchons et les serviettes ». Étonnantes considérations pour ces étoffes !Me voilà donc à m'interroger sur le goût de ce repas. Disons sur sa saveur.
En cuisine, c'est bien le mélange et l'harmonie qui nous délectent les papilles pour la joie des fins gourmets. Cependant, quand je prends un repas avec d'autres, si le plaisir de ce qu'il y a dans mon assiette compte pour une part, c'est aussi l'ambiance du repas, la convivialité des hôtes à ma table qui participent largement au plaisir que je prends dans cet instant partagé. On pourrait même, il me semble, aller jusqu'à dire que ce qui fait un repas thérapeutique, c'est un repas partagé. Où l'on se raconte des histoires, le temps qu'il fait, où l'on mange parfois en silence pour écouter les souvenirs de la madeleine qui se remémore comme pour Proust.
Il me paraît dès lors curieux que l'habitude, la routine, l'angoisse peut-être, la nécessité de souffler un instant viennent à cliver ce qui pourtant pourrait se rencontrer. On mange chacun à sa place. Les soignants d'un côté et les soignés de l'autre. Pas de confusion possible, ou plutôt pas d'identification possible. Serait-ce une tentative pour annuler ce qui se rejoint des deux côtés lorsque l'on fait tomber la blouse ? Je pense ici à ce qui nous constitue chacun et chacune de nous en tant qu'humain. Notre langage, notre sensibilité, nos souffrances, nos sourires, nos plaisirs. Ce qui fait, comme le souligne le titre d'un livre de Françoise Héritier[1], « le sel de la vie ». Il est évident qu'en cuisine il faut doser la quantité de sel, sinon cela devient immangeable ! Mais… une pincée au passage, pour saupoudrer, relever le goût et peut-être relever la tête, ça ne fait pas de mal. Nous sommes devenus des experts en diététique semble-t-il, nous n'aimons pas le sel, pour éviter les problèmes de cœur je suppose. Il n'en demeure pas moins que c'est en ayant un peu de cœur à l'ouvrage que la souffrance s'endigue.
Nous faisons donc le constat que nous avons peur aujourd'hui, peur de la rétention d'eau, car les recommandations nous demandent de l'éviter à tout prix. Reste que dans les marais salants, c'est en ouvrant les vannes dans les différents œillets (fonction réceptacle) et en prenant le temps nécessaire que l'on finit par obtenir la fleur de sel.
Si cet exemple est un détail illustrant ce qui est à l'œuvre dans le quotidien des hommes, des femmes, des garçons et des filles que nous accompagnons, il est primordial de se rappeler, de se transmettre qu'avant tout c'est la vie quotidienne qui est notre point d'appui thérapeutique.
Avoir l'envie de se lever du lit le matin pour rencontrer parfois un collègue, un autre patient, une main tendue, pour faire une

activité ou même pour tourner en rond ! Ça commence ici notre travail de la clinique, au pied du lit. Croiser une personne qui vous salue, qui vous témoigne qu'elle vous prend en compte (plutôt qu'en charge), par un regard furtif pour les persécutés, par une poignée de main pour les adhésifs ou par un sourire… ou encore par tel ou tel petit truc qui s'initie, s'installe, s'immisce entre deux humanités qui engagent avec sérieux le projet parfois ambitieux de rendre la journée du lendemain un peu plus supportable que celle d'aujourd'hui.

Quelquefois, le projet sera de penser rien qu'un instant à autre chose que ses ruminations, ses obsessions, autour d'un café, d'une crêpe, d'un coup de pied dans un ballon ou d'une balade dans le parc. Aménager des temps, des lieux, des petits bouts qui tricotés ensemble mettent du poids dans la balance du désir, soit du côté du vivant, il me semble que c'est cela avant tout notre travail collectif. Les folies, les souffrances portent les ombres du passé, les angoisses, les remords, les pertes douloureuses, les maladies, les tumultes et les tempêtes. Elles règnent parfois en maître chez ceux et celles qui demandent notre hospitalité. Nous avons à choisir la façon dont nous allons ouvrir la porte pour accueillir ce sujet en mal d'âme. Le café ou la tisane qui sera tendu. En bref, la façon dont on se situe avec. Un certain nombre de nos patients ont été meurtris dans leurs capacités d'être avec, comme le dit Danièle Roulot[2]. Non pas contre ou dans un face-à-face mais bien à côté. Présent au bord du chemin.

Ces choix quotidiens sont du ressort de chaque soignant engagé aux côtés de ces hommes, de ces femmes et des plus jeunes également. Je renvoie ici au texte de Pascale Molinier intitulé « Attention au courant d'air, pratique de la présence ordinaire[3] ».

La folie porte ses effets de chronicité, de répétition. Jean Oury parlait de sédimentation pour les patients, mais aussi pour les équipes qui prennent soin des aliénés de la souffrance psychique. Notre responsabilité à analyser, à traiter cette sédimentation inévitable, et toujours à l'œuvre, est indispensable à toute démarche de soin. Il fut un temps où on appelait cela le courant de la psychothérapie institutionnelle. Entre le courant de la mer et le courant d'air, les temps sont autres.

Soigner l'institution, c'est prendre soin des équipes, de l'ambiance d'un service, de la façon dont on se parle entre collègues… Cela passe par des espaces de parole suffisants qui permettent de déposer ce qui s'accueille, se reçoit de ce qui s'entend, de ce qui se donne à voir. Alors bien sûr la parole doit circuler, pas de statut qui vaille à cet endroit. La parole de l'un a autant de valeur que celle d'un autre collègue. On met notre bout de rencontre avec ce patient au pot commun pour approcher la complexité du sujet humain lorsqu'il est disloqué, en fragment, dissocié comme on dit.

Si ce préalable des espaces de travail de nos pensées n'est pas tenu, c'est rapidement l'asphyxie. On ne respire plus ! On cherche à fuir, à éviter de rencontrer celui qui va en rajouter une couche. On ne mange plus ensemble, on ne frappe plus à la porte de la chambre avant d'entrer, on se met à cliver les lieux avec réduction des espaces de circulation possible. Je crois même que l'on sépare les toilettes… une autre manière de dire chacun sa merde ! Drôle de façon de dire que l'on soigne, vous ne trouvez pas ?

Dormir, se réveiller, manger, se laver, se déplacer, regarder, parler, ne rien faire, faire quelque chose… autant de propositions de rencontre qui sont à ouvrir, en temps voulu, pour faire nos métiers de paludiers de la souffrance psychique.

Allez, passez-moi le sel s'il vous plaît !

Notes

1. F. Héritier, *Le sel de la vie,* Paris, Odile Jacob, 2012.

2. D. Roulot, *L'avec schizophrénique,* Paris, Hermann, 2014.

3. Revue *Institutions,* n° 49, mars 2012.

Discussion en terrasse

LAURENT RIGAUD
Éducateur spécialisé en milieu ouvert.

Quand le silence s'installe, les mots peuvent toujours exister mais ne peuvent remonter à la surface. Ainsi retenus, ils peinent à devenir langage.
Ce jour-là, il a demandé à Alexandra de venir avec lui. Alexandra Dupont, assistante de service social. François Durand, éducateur spécialisé. Tous deux au service de la protection de l'enfance. François aime bien les entretiens avec Alexandra.

François et Alexandra travaillent tout le temps, ce qui revient à dire qu'ils ne travaillent jamais. Ils passent leur temps à parler d'eux. Ils savent même comment ils font l'amour. Mais attention… séparément. « Notre relation est asexuée, non ? » « J'en suis désolé et je ne désespère pas que tu changes d'avis un de ces jours Alexandra ». Elle l'appelle « Mon chat ». Parfois, « Chat » ou « Chaton ». Lui « Ma colombe… Ma chérie » ou encore « Mon amour »… pour rire. Il arrive qu'ils se disent qu'ils s'aiment, mais pas question qu'il se passe quelque chose entre eux. Dans ce monde de la pulsion qui fait que parfois les enfants sont détruits, il apparaît nécessaire de maintenir le désir vivant. Basculer trop vite vers la jouissance pourrait s'avérer dangereux. Pourtant, il semblerait bien qu'un jour elle et lui ont… mais ils ont oublié… à moins que ce ne fût qu'un rêve.

Par ailleurs, tous deux ne supportent pas le silence… enfin la mise au silence… qu'ils nomment parfois inceste. Pour François, le plus dur, enfant, c'était le silence qui s'imposait après les coups. Alexandra, elle, est allée un jour dire à sa mère que grand-père l'avait tripotée dans la remise. En la giflant, sa mère l'a traitée de menteuse. Alexandra commence à peine à hurler aujourd'hui. Sa mère vient de déclencher un cancer et lui a dit : « Alexandra… mon cancer c'est toi. » Elle lui a répondu : « Va te faire foutre ! » Du coup, le frère d'Alexandra est en colère car « on ne parle pas comme ça à quelqu'un qui est malade ». François a commencé à hurler il y a longtemps déjà… jusqu'à s'époumoner. La relation à sa mère… un livre n'y suffirait pas.

Cependant, tout cela n'a rien à voir. S'ils se trouvent aujourd'hui dans la « Protection de l'enfance », cela n'a rien à voir. Bien que leur métier consiste à intervenir partout où l'éducation fait défaut, donc potentiellement partout, à commencer par leur propre éducation, tout cela n'a rien à voir. Oui, il paraît qu'il ne faut pas mélanger le professionnel et le personnel… qu'il faut garder la bonne distance. Ainsi, depuis son entrée en formation, François se demande si 1,10 m conviendrait mieux que 1,20 m. Cette histoire de distance les fait beaucoup rire. Enfin, ils rient pour ne pas pleurer, attablés à la terrasse de ce lieu dont on ne sait

pas si c'est une cafétéria, une boulangerie ou un salon de thé. Ils attendent Clara et Angélina.
Le téléphone sonne. Un texto. Son mec comme elle dit. Elle parle tout le temps de lui. Elle a peur qu'il parte… qu'il la trompe. C'est sa névrose. Faut dire que son père était le genre de type à partir acheter des cigarettes et à ne pas revenir pendant plusieurs semaines. Quand il rentrait, la mère d'Alexandra lui expliquait à quel point les enfants s'étaient mal comportés. Ainsi, histoire de se déculpabiliser… les coups pleuvaient. La première fois qu'Alexandra a fait l'amour, elle avait 17 ans et l'homme en question 42. Il se nommait comme elle… comme son père : Dupont. Du côté de François, il semblerait que son père a éprouvé quelques difficultés à faire tiers.
« T'as dormi jusqu'à quel âge avec ta mère François ?
– Trop longtemps.
– Moi quand ma mère sortait le soir pour ses activités, je me mettais dans le lit avec mon père… à la place de ma mère.
– Moi pareil…mais c'est à la place de mon père que j'étais.
– Putain, François… On va devenir fous. Toutes ces situations, tous ces liens, tous ces gamins sans voix… mais c'est nous bordel !
– Ouais, quand je pense qu'il y en a qui se croient neutres et objectifs.
– Tu parles ! Comment croire que tu peux laisser ce que tu es à la porte d'un domicile quand tu rencontres une famille ?
– Ouais et je me demande s'il n'en va pas de même pour les juges quand ils rendent une décision.
Alexandra met la main dans son sac et en sort un paquet de cigarettes.
– Tu veux dire quoi par là ?
– Ben je ne sais pas vraiment, mais il se dit que les juges appliquent la loi de manière objective. D'ailleurs, j'ai toujours trouvé cette phrase étrange… "La loi dit…". La loi aurait ce pouvoir transcendantal, elle serait là comme existant en dehors de l'humanité. C'est oublier qu'à l'origine de la loi… je parle ici du Code civil… du pénal… il y a les hommes. Ce sont les hommes qui écrivent les lois. Ne le font-ils pas en fonction de leurs propres représentations ? De ce qu'ils croient devoir interdire ?… Et il en va ainsi pour les juges. S'ils sont si objectifs que ça, pourquoi entend-on dans les couloirs de nos services où exercent nos chers intervenants éducatifs : "Ce juge est vraiment étrange"… "Celle-là, elle est sympa"… "Lui est complètement à l'ouest"… c'est bien qu'il doit transparaître quelque chose de leur personnalité en dehors de la stricte application de la loi… quelque chose de leur subjectivité… Subjectivité qui doit peser sur les prises de décision.
– Houlà François ! La subjectivité… comme tu y vas. Ha ! Ha! Ha!
– Ouais, je sais… c'est dangereux, la subjectivité ! Prohibé la subjectivité ! La subjectivité serait une entrave au discernement. Non ! Sois objectif ! … Intervenir auprès des familles de manière neutre et objective. Ça veut dire quoi merde !? Si nous atteignons tous cet objectif, alors cela revient à dire que nous arriverions tous à intervenir de la même façon. Impossible. Comme pour les juges, quelque chose transparaît de notre personnalité… de notre subjectivité. Mais allez. Admettons… admettons que nous arrivions tous à intervenir de manière neutre et objective… donc de la même manière. C'est faire peu cas de l'autre en face… celui qui nous perçoit. Il y a fort à parier que ce que nous sommes dégage quelque chose de singulier : homme, femme, jeune, vieux, gros, petit, maigre… Il est impossible d'empêcher les représentations que l'autre peut avoir de nous… et nous pouvons toujours essayer d'être neutre, cette neutralité

disparaît dans l'esprit de l'autre. Se croire objectif c'est nier l'autre, c'est nier l'idée qu'il se fait de nous. Et en plus… après… en équipe pluridisciplinaire… nous sommes tous neutres et objectifs afin d'appréhender l'autre dans sa globalité… Foutaises !… Il existe des milliards de livres qui s'interrogent sur la nature humaine et nous serions en capacité, nous, de comprendre l'autre dans sa globalité. Impossible ! Notre savoir est limité alors que notre ignorance, elle, est sans limites. La globalité, c'est rejeter la complexité ! Pourtant, combien de chercheurs interrogent la complexité du monde et de l'humain ? Combien de portes d'entrée ? Une infinité. Ajoute à cela les poètes, les sculpteurs, les peintres… les créateurs de tout poil qui eux, lorsqu'ils tentent de créer un objet, prennent conscience de leurs limites et de l'impossibilité de tout dire, tout expliquer. Malgré cela, nous serions capable d'être neutres et objectifs afin d'appréhender l'autre dans sa globalité !!! Putain !!!

– François, calme toi… tu t'emportes… tu vas encore partir dans ton délire… la société tout ça… le monde est foutu et tout et tout.

– Ouais, mais ça me rend fou tous ces mythes qui ont la dent dure dans la profession… distance, objectivité, neutralité ! Tiens, je vais prendre un exemple. Si tu présentes ton frère, tu dis c'est mon frère… Si c'est ta mère qui le présente, elle dit c'est mon fils. Vous parlez toutes les deux de la même personne et pourtant vous dites deux choses différentes… Qui est neutre et objectif ?… Ah tiens… elles arrivent. »

C'est la première fois qu'Alexandra Dupont rencontre Angélina et Clara. François Durand fait les présentations. Adolescentes de 14 et 15 ans, il n'y a pas très longtemps elles vivaient encore chez leur mère. Cette dernière loge en appartement thérapeutique. Cancer et crises d'épilepsie à répétition. Aujourd'hui, elle a un suivi social et thérapeutique. Elle est grandement fatiguée et ses filles ont pendant quelque temps fait la nouba à la maison. Quand leur mère dormait, copains, petits copains et copines investissaient les lieux en passant par la fenêtre et tout ce beau monde passait la nuit dans l'appartement. Le service en charge du suivi de madame a fait un signalement qui a donné lieu à une ouverture de mesure d'assistance éducative en milieu ouvert. Par ailleurs, Clara a déjà fait une tentative de suicide. Prise de médicaments. Comme son père qu'elle a vu faire. Il explique son geste par les suites d'un état dépressif. Ses filles pensent que c'est parce que sa maîtresse l'avait quitté.

François leur demande si elles désirent boire ou manger quelque chose. Elles refusent. Apparemment elles sont venues pour parler. Depuis l'ouverture de la mesure, elles vivent chez le père vers qui la mère s'est tournée car elle n'en pouvait plus. Le père explique que chez lui il y a des règles et que ses filles doivent s'y plier. Ce que leur rappellera, dans sa neutralité objective, la juge des enfants en audience. Principalement à Clara qui ne respecte pas toujours les règles posées par son père qui s'en plaindra auprès de la juge. Et surtout, il ne supporte pas son petit copain ! Face au portrait qu'il dressait de sa fille, Clara a déclaré en pleurs : « Ouais ben si y faut dire, moi aussi je vais dire. » La juge n'a pas relevé cette dernière remarque. Elle n'a pas dû l'entendre. Par contre, elle marquera dans le jugement « qu'il avait été nécessaire de recadrer fermement l'adolescente ».

« Mais qu'avais-tu à dire finalement ? » demande François en buvant son thé.

Clara et Angélina se mettent alors à raconter que chez leur père, elles doivent tout faire… le ménage… les lessives et qu'en plus il est très rigide sur les horaires. Sur ce point, Alexandra et François ont tellement vu de pères absents qu'ils se disent qu'il vaut peut-être mieux un père rigide et autoritaire que pas de père du tout. Même si son inter-dit n'est qu'un interdit, il peut néanmoins représenter un point d'ancrage. Les adolescentes continuent et expliquent que leur père a deux maîtresses… une officielle et une non officielle… une est au courant de la double relation… l'autre non… il y en a une qui se promène nue devant elles… dans l'appartement… puis elle retrouve leur père dans la chambre… elles entendent les rapports sexuels… la nuit comme le jour… Le père est jaloux alors il va surveiller sa maîtresse pour savoir si elle sort… il emmène Clara et Angélina faire le guet avec lui… des heures d'attente dans la voiture en bas de l'immeuble… Quand leurs parents étaient en couple, il les avait mises dans la confidence et se servait d'elles afin de pouvoir tromper sa femme tranquillement… elles savaient tout et ne disaient rien…

Alexandra les interrompt : « Clara. Si la juge avait saisi ta parole… heu… tu aurais dis tout ça ? » « Peut-être… je sais pas… mais ce que je veux dire, c'est qu'il nous demande de respecter les règles alors que lui ne respecte rien ! »

C'est la première fois que François entend les deux adolescentes aborder ce sujet. La mère lui en a déjà fait part mais elle lui demande de ne rien dire car « Vous ne savez pas de quoi il est capable ». Effectivement, il ne sait pas de quoi est capable le père mais il se dit que la juge, dans sa neutralité objective, lui a donné plein pouvoir.

Face à Alexandra et François qui leur demandaient si elles les autorisaient à évoquer tout cela avec leur père, Clara et Angélina ont refusé : « Il pourrait se mettre en colère… très très très en colère. » Le regard de l'assistante de service social croise celui de l'éducateur. Sans dire un mot, ils se comprennent. N'ayant que la parole comme matière première pour le travail éducatif, c'est encore une fois le silence qui s'installe et qui fait loi.

Suite à cette rencontre, le père a téléphoné à François Durand. Il lui a laissé un message : « Clara n'est pas rentrée de suite après votre rendez-vous… deux heures de retard… C'est intolérable !!! »

Effectivement, se dit François Durand. C'est intolérable.

Une vie à construire

RÉCIT DE VIE DE ANDRÉ B. RECUEILLI ET RÉDIGÉ PAR PATRICE BRIDE[1]

Au début, c'est le vide. Un terrain en friche. Quand on arrive, on marque les limites du chantier avec des bornes. Les pelleteuses arrivent pour creuser, là où il va y avoir l'immeuble, des mois plus tard. On installe des baraques de chantier, tout le matériel, et on commence les fondations.

Je suis arrivé en France en mars 2004. Je venais pour la première fois, je ne connaissais rien à la vie ici. Je pensais que je n'avais pas le droit de travailler, faute d'avoir les bons papiers. Ma femme était enceinte, elle a accouché au mois de mai. À l'hôpital, des assistantes sociales m'ont expliqué ce que nous pouvions faire. Elles m'ont dit qu'il fallait que je me débrouille, qu'il y avait de quoi faire, que c'était à moi de trouver un travail. Je me suis renseigné auprès d'amis, ils m'ont dit : « Oui, ça existe, avec les papiers d'un autre. » C'est ainsi que j'ai commencé les chantiers.
Au Congo, j'avais appris le métier de maçon dans une école belge. Je savais travailler, j'ai même monté mon entreprise. Et la maçonnerie, c'est partout pareil. Ici, j'ai fait une formation de métreur, à Boulogne. C'était cher, j'ai dû payer 2 000 €, en quatre fois. Mais comme ça, je connaissais mieux le travail, je pouvais montrer ce que je savais faire. Je suis allé voir une boîte d'intérim, avec les papiers d'un ami qui était d'accord pour me les prêter. Pour eux, pas de problème, pourvu qu'on soit prêt à bien travailler. Au bout de quatre mois, mon ami a voulu arrêter. Je ne suis pas retourné au chantier. Le chef a appelé la boîte d'intérim, car il voulait que je revienne travailler. J'ai dû dire la vérité : ce n'étaient pas les vrais papiers. Alors la boîte d'intérim m'a dit de chercher quelqu'un d'autre pour m'en prêter. Simplement ils m'ont envoyé sur un autre chantier, à cause du changement de nom.

Ça fait douze ans que je travaille. J'ai fait beaucoup de chantiers. Certains durent parfois deux ou trois ans, comme le grand hôtel qui est porte Maillot. J'ai tiré des câbles dans le métro, la nuit, il fallait travailler vite entre minuit et 5 h du matin ; maintenant, les gens peuvent téléphoner dans les rames. J'ai même travaillé à l'Assemblée nationale !
Sur un chantier, on voit le travail qui progresse de jour en jour. J'aime bien le métier de maçon, parce qu'on voit ce qu'on a fait. Des fois, je discute avec les chefs : est-ce que le coffrage est suffisant ? Est-ce que ça va bien tenir ? Quand on n'est pas d'accord, on discute, mais souvent il me fait confiance. Et quand on enlève les banches, on voit les murs solides. Des fois, je ne vois pas le chef pendant une semaine. Il sait qu'avec moi, le travail avance. Certains disent : « On s'en fout, c'est pour les Français, pourquoi se casser la tête ? » Moi je trouve que ce n'est pas professionnel, il faut faire les choses bien. Sinon on arrive le lendemain et on voit que ça ne va pas, il faut recommencer. Je préfère quand le chef me dit : « Je te fais confiance, ça, c'est du vrai travail de maçon. » Et l'immeuble se construit, ça se voit.
Quand on n'a pas de papiers, on a beaucoup de stress à cause des contrôles. On a peur que les gendarmes viennent sur les chantiers, il y a toujours la menace. J'ai travaillé pour une boîte d'intérim dont le responsable connaissait les chantiers où il n'y avait pas de contrôle. Dans une autre, le patron, disait

lui-même de faire des faux papiers. Mais c'était risqué, il a fini par se faire prendre parce qu'il ne déclarait pas les fiches de salaire ; il a payé beaucoup d'argent.
À l'Assemblée nationale, il y avait des gendarmes qui nous contrôlaient à l'accueil. Ils gardaient les papiers, et nous donnaient un badge de couleur : rouge pour les immigrés, bleu pour les Français, jaune pour les Portugais. Un soir, quand j'ai voulu récupérer mes papiers, le gendarme m'a dit que ce n'est pas moi sur la photographie. Il a fini par me rendre les papiers, mais j'ai eu peur, je n'y suis pas retourné.
Depuis les attentats, c'est vraiment difficile. La préfecture de police a donné des consignes, et il y a beaucoup plus de contrôles. Les boîtes d'intérim ont arrêté beaucoup de contrats. Avant, ils fermaient les yeux, mais maintenant c'est très dur pour ceux qui n'ont pas les bons papiers, car les patrons ont peur. Des fois, c'est difficile d'aller au chantier, le boulot est dur, surtout à cause de la météo. On travaille toujours dehors, puisqu'on construit des immeubles pour que les gens puissent habiter ou travailler à l'intérieur. C'est physique. Mais même s'il pleut le matin, moi j'y vais. J'ai l'habitude, je ne sens plus la douleur. Ceux qui ne connaissent pas abandonnent vite. Les jeunes en particulier n'aiment pas trop. Ils viennent en stage, et au bout d'une journée, ils disent : « C'est pas bon. » Ils ne veulent pas être commandés, ils disent : « Tu n'es pas mon père. » J'ai proposé à mon fils de voir pour la menuiserie, ou l'électricité. Mais le bâtiment n'a pas bonne réputation, il a préféré la restauration.
Moi maintenant, ça va, j'ai eu mon permis de travail il y a deux ans. Quand j'ai pu montrer mes vrais papiers, la patronne de la boîte d'intérim où j'étais a ouvert le champagne. J'ai changé de nom sur le chantier, mais ce n'est pas grave puisque cette fois, j'étais en règle. Le chef s'est dit que c'était une histoire d'Africains d'avoir plusieurs noms. Et puis pour eux, les papiers, c'est le problème de la boîte d'intérim. Finalement, j'ai eu de la chance, je n'ai pas trop galéré. J'aime mon métier, j'aime bien travailler. Je sais que j'aurai toujours du travail. Si je reste à la maison, je reçois des coups de fil. La boîte d'intérim m'a dit : « Vous êtes le premier sur la liste, on vous appelle. » Les chefs me font confiance, des fois je fais un peu le chef d'équipe, quand il faut. Si je pouvais être embauché, je voudrais bien que ce soit comme chef d'équipe. Une fois, un patron m'a proposé un cdi, avec un bon salaire, mais à l'époque j'avais seulement les papiers de mon cousin.
Maintenant, j'aimerais bien avoir la nationalité. Comme ça, je pourrais monter ma propre boîte. Un patron m'a proposé de m'aider, il me donnerait du travail.
Moi, je reste sur les chantiers jusqu'à la fin. Il y a toujours besoin des maçons, jusqu'au bout, pour les finitions, les enduits. On voit les immeubles terminés. Et des fois, je vais voir, plus tard. Là où il y avait un terrain en friche, il y a des Français qui habitent. Je sais que c'est moi qui l'ai fait.

Note

1. Extrait de Roxane Caty-Leslé et Pierre Madiot (coord.), *Mines de faire #2, Récits du travail,* Paris, Dire le travail, 2016. Texte publié avec l'autorisation de l'éditeur.

Mines de faire* #1 et 2. *Récits du travail

Deux petits livres autoédités, vingt-trois courts « récits de travail ».
Comment des gens banals, normaux, parlent de leur travail banal, normal ? Estime de soi, fierté, relations aux autres, mais aussi ennui, exploitation, routine… Parce que parler du travail pour peu à peu en transformer les conditions et le sens, c'est l'affaire de tous !
Sur : www.direletravail.coop

Enveloppements humides[1]

DOMINIQUE SANLAVILLE
Infirmier de secteur psychiatrique.

Marie Claire avait très mal supporté de devoir être hospitalisée. Elle avait 25 ans. Après plusieurs visites à son domicile, on s'était rendu compte que la décision devait être prise. Sa schizophrénie paranoïde devenait de plus en plus ingérable. Elle délirait en permanence et était agressive. Elle vivait avec sa mère et ses deux sœurs qui présentaient, un peu toutes, quelques signes de déficience ou de maladie mentale. Marie Claire, de surcroît, souffrait d'une sclérose en plaque débutante.

Elle était assez belle, avec de grands yeux bleus et de longs cheveux blonds. Mais derrière cette apparence séduisante se cachait réellement un monstre de folie. Quand elle délirait beaucoup, il arrivait qu'elle change de voix, comme s'il y avait une autre personne au fond d'elle qui s'exprimait. Et alors qu'elle était polie, respectueuse et même un peu timorée le reste du temps, tout à coup elle pouvait se montrer odieuse, grossière, hurlant des insanités avec une voix de poissarde et exhibant son sexe sans aucune retenue. Elle adorait, à ce moment-là, sortir des phrases exquises, comme celle qu'elle avait adressée un jour au surveillant : « Va te faire traire chez tes putes ! »

Les putes étaient, en l'occurrence, les infirmières du service. En fait, elle était très amoureuse de ce surveillant. Mais la claque est partie et le surveillant lui-même en est resté étonné. Lui si calme et si gentil. La patiente se tut pendant un moment. Elle aussi ne s'y attendait pas.

Il fallait soigner ses deux maladies en même temps. Faire en sorte de ralentir l'évolution de la sclérose et contenir sa folie. Mais les traitements neuroleptiques et anxiolytiques étaient contre-indiqués pour la sclérose, ils étaient susceptibles d'entraîner de nouvelles poussées.

Dans ses accès de folie, parfois, elle voyait son corps se déformer, se découper, s'éparpiller dans la pièce. Elle était impressionnante, pouvait inspirer la crainte ou même le dégoût et, en même temps, sa fragilité, sa beauté, sa souffrance faisaient que l'on ne pouvait pas rester insensible.

Comme on était contraints de donner le moins possible de médicaments, on a décidé de pratiquer des « enveloppements humides ». Ils étaient connus depuis longtemps en psychiatrie et utilisés autrefois dans les états d'agitation intense comme moyen de contention.

Lors de la séance, Marie Claire était allongée sur son lit, complètement dévêtue. On enveloppait chacun de ses membres, son thorax et son bassin de serviettes ou de draps

mouillés très froids. Puis on entourait tout son corps d'un drap sec et de couvertures. Plus les draps étaient froids et plus le corps ensuite se réchauffait rapidement. L'enveloppement était très serré, seul le visage restait dégagé. Marie Claire était ainsi emmaillotée comme un bébé. Avec une de mes collègues, on s'obligeait à être présents à chaque fois, essayant peut-être de reconstituer un couple parental attentionné.
Alors Marie Claire se mettait à trembler, de froid, de peur, elle claquait des dents. Parfois elle criait, qu'elle était une momie et qu'elle allait mourir, mais qu'avant, elle allait tous nous tuer. Sans la contention physique de l'enveloppement, elle se serait certainement agitée énormément. Ensuite la période de réchauffement survenait par réaction de l'organisme. On pouvait aussi l'accélérer par quelques massages. Et insensiblement, son corps se détendait, l'angoisse diminuait, Marie Claire s'apaisait et retrouvait le sourire et un certain bien-être physique. Quelquefois, il arrivait même qu'elle s'endorme.
Son visage était le seul moyen d'échange avec elle puisque lui seul restait visible, véritable carrefour d'expression par les mimiques, le sourire, la parole. Elle arrivait à se détendre et à se sentir en confiance, comme si les sensations de chaleur des draps se transformaient en contact chaleureux avec les soignants. Et puis parfois, elle restait silencieuse. Elle nous offrait son regard. Terriblement parasité par sa folie furieuse à certains moments, il pouvait aussi laisser s'exprimer toutes ses bonnes émotions.
Nous avons continué longtemps cette prise en charge avec au moins deux séances par semaine d'une heure chacune. C'était très astreignant, mais elle en retirait tellement des bénéfices. Elle réclamait ses enveloppements et les attendait avec impatience.
Un jour, dans sa chambre, intentionnellement ou pas, elle a mis le feu à ses cheveux. Je travaillais ce jour-là. C'est le crépitement qui m'a fait réagir et puis ses cris. J'ai jeté immédiatement une couverture sur sa tête. Il n'y avait plus de cheveux, ses magnifiques cheveux dorés... Et le crâne était brûlé. On l'a soignée pendant des mois. Et on a réalisé que le contact physique, les pansements quotidiens lui faisaient énormément de bien. Dans sa tête, elle était de mieux en mieux. À travers le soin somatique passait le soin psychique. Elle qui se voyait parfois toute disloquée, morcelée, on lui reconstruisait son enveloppe physique et son « Moi-peau ».
J'ai constaté cela très souvent. Notamment sur une dame qui s'était immolée par deux fois sur sa gazinière et qui avait des brûlures sur le thorax, les seins et le ventre. Lors des entretiens médicaux, elle restait dans le superficiel, le factuel et ne livrait rien d'elle-même. Par contre, c'est au personnel infirmier qu'elle s'est confiée, chaque jour un peu plus, lors de la réfection des pansements, pour finalement arriver à parler des viols qu'elle avait endurés dans son enfance. Et cela alors qu'elle était nue devant nous ! Les pansements peuvent être aussi des enveloppements. Ce qui nous rappelle que le physique et le mental fonctionnent bien ensemble.
Pour Marie Claire, les enveloppements ont eu une action très bénéfique sur sa folie et en même temps peut-être que la détente physique qu'ils procuraient soulageait aussi ses souffrances dues à la sclérose. Elle a connu ainsi un répit tout à fait inespéré sur plusieurs années. On a même pu organiser des visites à sa famille et des sorties dans les magasins.
Donc, sans médicament, ou presque pas, on était parvenus à apaiser son délire. Si

on tentait de soigner ainsi aujourd'hui, on nous prendrait pour des fous !

Malheureusement, la sclérose a gagné la partie. Rapidement, elle n'a plus pu se déplacer sans un fauteuil roulant, elle faisait des fausses routes en mangeant. Elle souffrait beaucoup. Les derniers temps, elle n'avalait plus que la potion Saint-Christopher, le morphinique.

Elle est morte très amaigrie, dans mes bras, un dimanche matin, les muscles de la poitrine bloqués, n'arrivant plus à respirer. Je me souviens de son regard qui ne m'a pas quitté, ce regard dans lequel elle savait faire passer toutes ses bonnes émotions.

Note

1. Ce texte est extrait de *Tranches de vie en psychiatrie. Réflexions d'un infirmier*, Paris, éditions Édilivre, 2016. https://www.edilivre.com
VST le publie avec l'autorisation de l'auteur et de l'éditeur.

Résumé

Cet article évoque l'arrivée de la pratique des packs à l'hôpital dans les années 1970, et l'invention des protocoles d'application, d'accompagnement et de suivi.

Mots-clés

Packs, enveloppements humides, prise en charge psychothérapeutique.

Élaboration de violences agies ou subies en groupe de formation

Transfert et contre-transfert dans les groupes

ANDRÉ SIROTA
Professeur émérite de psychopathologie sociale clinique. Tiers externe auprès d'équipes de travail.

CAMILLE CURBILIÉ
Docteure en psychologie. Psychologue clinicienne.

Participant ou encadrant d'un groupe de formation ou d'une instance d'accompagnement d'une équipe de travail, il arrive que des propos dits par autrui soient reçus par nous comme des projectiles envoyés pour nous faire mal, nous déstabiliser, nous humilier, voire nous anéantir. Nous pouvons être formateur ou accompagnateur d'un groupe ou, selon les cas et notre formation, nous pouvons être, par exemple, psychothérapeute ou analyste de groupe.

Pour ce qui nous concerne, nous avons acquis une expérience de l'accueil de professionnels de divers métiers exerçant notamment dans le soin médical ou le soin psychique, dans le travail social et socio-éducatif, ou dans le monde de l'éducation. Dans ces différentes occurrences, il peut arriver que nous nous sentions délibérément pris pour cible. Toutefois, ce que nous ressentons comme une attaque peut ne pas en être une. Nous verrons ici qu'une interpellation, ressentie comme une « attaque » narcissique complètement déroutante, peut avoir une autre signification. Le sens d'une attaque du cadre, de l'objet, de la tâche, du groupe, ou de la personne qui en est le principal garant peut se révéler à nous lors de notre travail psychique d'après-coup. Il exige de nous la reconnaissance de nos projections propres, qu'on nomme transféro-contre-transférentielles quand on se réfère à la psychanalyse. Nous nous proposons ici de réfléchir à la question de savoir que faire, c'est-à-dire que penser et que dire, quand de tels « objets » énigmatiques et bruts semblent circuler dans un groupe, que ce soit entre participants ou envers nous. Quelle que soit l'occurrence, nous avons à accueillir ces objets-projectiles dans notre psyché.

Notre fonction est d'aider groupes et participant.e.s à chercher et trouver du sens, plusieurs sens possibles, à ce qui est immédiatement vécu ou interprété à partir de ce que chacun.e ressent subjectivement. Notre réflexion prendra appui sur une situation de groupe de formation vécue par l'un.e de nous deux, coauteurs de cet article.

Tout d'abord, la situation clinique support à nos réflexions

Nous avons choisi de présenter le récit d'une situation qui a mis assez durement à l'épreuve l'un des auteurs de ce texte. Il est volontairement imagé afin de rendre compte de l'intensité des émotions que l'on peut ressentir en certaines circonstances. Il résulte évidemment du travail d'après-coup.

« Pour avoir accepté un peu trop vite une proposition de formation sans poser trop de questions, je me suis retrouvée à assurer une formation de trois jours, organisée pour des infirmiers de services de psychiatrie dans un département d'outre-mer. Son intitulé était : "Gestion de l'agressivité et affirmation de soi dans les relations soignant-soigné".

Sortant de l'avion après un long trajet, me voilà immergée d'emblée dans un climat chaud et oppressant. Au sortir de l'avion climatisé, je saute dans 40 degrés à l'ombre. Je ressentis un sentiment de malaise dû à l'étrangeté de cette chaleur et de cette moiteur pour moi. J'eus immédiatement le sentiment d'avoir été subitement exilée à plusieurs milliers de kilomètres d'une terre familière et que j'allais perdre toute l'eau de mon corps. Personne de l'hôpital ne m'attendait à l'aéroport. Je n'y avais pas pensé. Heureusement, ma voisine de voyage, me proposa de prendre avec elle le taxi qu'elle avait réservé et qui devait la conduire dans un hôtel qui se trouvait être le même que le mien, j'avais au moins le nom de l'hôtel. Le lendemain matin, à 7 heures, un infirmier s'est annoncé, m'a fait demander et m'a conduite dans les salles de formation de l'hôpital.

Lors de ce premier jour, alors que j'entrais dans la salle réservée pour ce stage, je vois aussitôt devant moi, assis, un nombre d'infirmiers plus important que le nombre prévu et annoncé. Ils sont au moins vingt, me dis-je. Lors du tour de table des présentations, j'apprends qu'ils proviennent tous de services différents : gynécologie, urgences, services de médecine générale avec des spécialisations relatives aux mondes lointains pour moi. À tort ou à raison, je m'étais imaginé que j'allais me retrouver uniquement avec des infirmiers intervenant dans les services de psychiatrie pour enfants, adolescents et adultes.

Cet afflux et cette diversité non annoncés me font violence. Je pense tant à l'organisme de formation qui a négocié ce stage qu'au service de formation de l'hôpital qui a composé le groupe comme il a voulu. Je me questionne sur la diversité potentielle des attentes des stagiaires à l'égard de cette formation, sur le degré de volontariat pour être là des uns et des autres, ou sur les violences agies ou subies à l'hôpital, que l'on pense à celles des soignés ou des soignants. Mais je me suis laissée aller à penser d'abord aux violences de l'institution qui n'aurait pas respecté son engagement quant au nombre des inscrits. J'ai devant moi l'image d'une masse indifférenciée. Une angoisse me saisit. Que diable vais-je faire dans cette galère ? Pourquoi ai-je accepté de venir ? Le programme prévu pour une douzaine de stagiaires et les supports pédagogiques que j'avais pensés en amont seront-ils suffisants ? Saurai-je les transformer un peu pour les adapter à la taille du groupe, à sa composition inattendue et aux environnements de travail des uns et des autres ? J'ai cru avoir surmonté cette forte appréhension massive. Le premier jour de formation s'est construit au fil des heures. Mais je conservais au fond de moi une puissante inquiétude. »

Deuxième jour : des incidents ou des violences qui se télescopent

« Le deuxième jour, une nouvelle personne rejoint le groupe de formation qui compte alors un participant de plus. Je n'en avais pas été informée. Ça me fait violence. Je me demande si l'espace matériel va pouvoir contenir autant de monde, et si le nombre des stagiaires ne va pas augmenter à chaque reprise après les pauses. Je suis traversée par cette rêverie éveillée qui me donne à voir arriver un nouveau stagiaire toutes les deux heures. Une angoisse vertigineuse d'envahissement et d'étouffement me saisit. Nous allons manquer d'espace vital.

En ce deuxième jour, lors de la deuxième séquence de formation de la matinée, ce nouveau participant prend la parole pour dénoncer les violences advenues une semaine auparavant dans le service des urgences. Telle une effervescence soudaine, tous les stagiaires, tous infirmiers, se mettent alors à échanger en créole entre eux à propos de cet événement. Une langue inconnue de moi. Je me sentais comme mise à l'écart d'un groupe sous l'emprise de ce participant. Il m'a semblé, depuis l'arrivée de ce nouveau participant, que le groupe se constituait dans sa langue, mais sans moi. Une nouvelle épreuve que de voir un groupe fonctionner en ma présence, mais en m'effaçant. J'ai l'impression d'être transparente ou comme évaporée par la chaleur. Puis le groupe m'a m'expliqué que, quelques jours plus tôt, un homme avait blessé des patients et des médecins avec une machette, dans le service des urgences. Pour fournir une explication à son geste, cet homme avait invoqué que l'attente était trop longue pour lui. Ce mouvement du groupe vers moi et son explication auraient dû être ressentis par moi comme incluants. Toutefois, ce n'est pas ce que je ressentais subjectivement dans le moment présent.

"Comment fait-on devant un risque de mort ?" questionne cet infirmier en se tournant vers moi.

Je me suis sentie poussée au bord d'un précipice. Mise en demeure de montrer que je suis légitime et compétente. D'où ma plongée dans un gouffre d'impuissance.

Le groupe, quant à lui, m'est apparu sidéré. Le temps semblait s'être arrêté. Comme dans certains jeux radiophoniques, j'entendais dans ma tête le battement d'un métronome. Des battements de cœur en moi. J'attendais maintenant le claquement métallique d'un gong qui allait dévoiler mon incompétence. Allais-je toutefois réussir à dire quelque chose qui tienne debout ? Tous les regards étaient rivés sur moi. Des pensées me traversaient : si je ne répondais pas sur le champ et si je ne disais pas, illico presto, ce qu'il faut précisément faire, face à un homme armé d'une machette, nous en mourrions tous, ou plutôt non, c'est moi qui allais aussitôt être lynchée en étant reconnue à la face du monde comme un usurpateur. Le fantasme d'une horde primitive, telle une meute de loups, gagnait du terrain en moi. J'allais être dévorée. Un groupe se liguait contre l'étranger, une figure réincarnée de l'ancien colonisateur blanc, venu d'ailleurs. J'aurais aimé pouvoir changer de peau ce jour-là. Mais, face à une machette, peu importent pourtant les couleurs de peau.

Nous allions tous être coupés en morceau par un impatient, et puis mangés. Ce fantasme était-il le mien exclusivement ? Ou bien ce que je ressentais là était-il une réfraction dans ma psyché d'un fantasme groupal, les infirmiers se sentant envoyés par l'institution hôpital au front d'individus cannibales ? Nous fallait-il nous offrir en holocauste pour sauver les infirmiers et l'hôpital ? »

Si nous laissons se développer davantage en nous cette image fantasmatique et l'interrogeons dans l'après-coup, nous nous rendons compte que le groupe, en fait, restait ambivalent à mon égard. Tout se passait probablement comme si ses membres avaient un secret en partage et hésitaient à m'en faire confidence. Parler, se confier dans cette formation était-il risqué pour eux ? Qu'allions-nous faire de ce qu'ils allaient dire ? Ne valait-il pas mieux qu'ils se taisent, plutôt que de parler, si, après, ils se trouvaient animés du désir de nous faire taire afin que nous emportions leur secret outre-tombe, les en déchargeant en même temps ? Notre appareil psychique était-il suffisamment solide pour préserver les frontières de cet espace de formation ?

À moins que, représentants du savoir des pays « européens et occidentaux », nos interlocuteurs n'aient nourri l'envie de nous dévorer avec avidité afin de s'approprier par incorporation puis recel seulement, via un processus magique et imaginaire de transloquation, le savoir dont nous étions censés être dépositaires. Mais, insuffisamment expérimentée lors de cette formation, je n'ai pas su transformer et dire, dans l'instant, quelque chose de toutes les associations et angoisses qui m'agitaient en en parlant de façon recevable et éclairante pour le groupe.

« Après cette question, que je laissai sans réponse : "Comment fait-on devant un risque de mort ?", un long silence s'ensuivit. Sans l'avoir décidé, nous avons laissé le groupe sans réponse, ce qui lui a permis d'éprouver intensément l'état de menace et d'angoisse de mort dans lequel il baignait, et d'apercevoir, sans doute, son attente messianique d'être sauvé par quelqu'un, le formateur, en particulier.

Nous avons alors prononcé le moment de la pause café. Les infirmiers se sont vite retrouvés entre eux et se sont parlé sans se sentir ni espionnés ni menacés par ma présence. La pause terminée, une entorse fut faite au programme, puisque j'ai proposé un temps d'écoute en évoquant la question posée. Momentanément, le groupe de formation s'est aussitôt transformé en une mini-cellule de crise. Cette séquence a été nommée par le groupe : "cellule de crise post-attentat. Il faut dire qu'à travers le monde entier, des attentats avaient lieu. Les médias en parlaient chaque jour. »

Le groupe de formation se réunit alors en tant que mini-cellule de crise post-attentat

« Au beau milieu de cette séquence, cet infirmier du deuxième jour me fait observer que ma bouteille d'eau a disparu. Quand cette nouvelle sonne à mon oreille, elle me fait l'effet d'un avertissement, d'une sommation. Je la ressens comme une nouvelle attaque portée à mon encontre. Mon activité fantasmatique consciente est relancée, les angoisses associées m'envahissent. Le groupe veut-il m'assoiffer, me dessécher ? Cette disparition m'incite à me rappeler et à rappeler au groupe, ici et maintenant et sans attendre, les auspices sous lesquels cette formation a été demandée et son titre : "Gestion de l'agressivité et affirmation de soi".

L'infirmier, lui, poursuit : "C'est tellement violent ce qui est arrivé que les mots ne suffisent pas, il faut le vivre dans ses tripes pour comprendre." Il commente avec des mots son geste de subtilisation pour mettre davantage en lumière la violence vécue. Puis, il ajoute : "L'eau c'est vital, si vous n'en avez pas, vous pouvez mourir, eh bien nous, c'est pareil, si on n'a pas de bon matériel et de bonnes conditions pour travailler, on peut risquer la mort pour nos patients et pour nous-mêmes."

Bien des questions surgissent. Comment contenir les participants rassemblés ? Font-ils groupe et sur quel registre ? Quelle motion collective non manifeste les anime, au-delà de ce qui est donné à voir ou à entendre ? Comment comprendre cette mise à l'épreuve ? Comment contenir les violences des institutions ou dans les institutions qui se répercutent dans les espaces de nos formations ? Comment se distancier de ce qui nous est donné à éprouver dans l'instant, que nous ressentons comme une attaque dirigée contre le cadre ? Sans ce travail de distanciation, il est difficile d'accéder à la compréhension du sens latent.

Dans l'après-coup, et seulement dans l'après-coup, c'est en parlant avec d'autres que le sens latent de cette "attaque" m'est apparu. Il est probablement celui d'une tentative de vérification de la solidité du cadre interne de l'intervenant, après la subtilisation subreptice de sa bouteille d'eau, marquée du signalement de cette disparition. Vraisemblablement, dans le groupe circulent une angoisse de fin d'un monde et un désespoir face à l'institution que ses agents sentent impuissante à les protéger des patients les plus agités, dépourvus de limites internes. J'ai alors compris que les stagiaires avaient besoin de voir comment j'allais réagir, en me mettant à l'épreuve, sans risque de me tuer vraiment, juste en me faisant éprouver un moment de grosse peur de me dessécher. La subtilisation de cette bouteille d'eau avait-elle, analogiquement, la valeur d'un attentat à la vie, à leur vie ? L'eau et le feu des chaleurs quasi équatoriales, grands éléments vitaux, se sont croisés en moi, faisant vaciller un moment mes repères. »

Pour ne pas passer sous silence ce mal-être personnel, groupal et institutionnel, autant pour le formateur lui-même que pour les participants, plusieurs pistes de réflexion peuvent être esquissées. Alors que ce groupe était resté silencieux jusqu'à présent, et n'avait pas évoqué les événements dramatiques antérieurs, cet infirmier s'en est fait porte-parole. Nous pouvons supposer que les infirmiers étaient dans une forte attente et demande qu'on leur transmette des « armes » et des « techniques » de survie, eu égard à l'attaque contre la vie qu'ils avaient subie. Un nouveau moment d'échanges a eu lieu, les règles ont été redites et des liens ont été revisités entre cette bouteille d'eau, sa subtilisation et l'intitulé de la formation. Faut-il toujours prendre en charge son agressivité propre, en utilisant des mots plutôt que des actes ? Ou l'acte, précédant les mots, peut-il être compris comme une interprétation agie dans une mise en scène sociodramatique, l'espace du groupe de formation servant de lieu de transfert dans l'ici et maintenant de traces traumatiques à déchiffrer via ce que peut en éprouver confusément un formateur ou un analyste de groupe ?

« Bien que n'ayant approché de ces subtilités et hypothèses que dans l'après-coup, nous avons pu, en nous mettant à l'écoute du groupe avec humilité, intégrer à la vie du stage ce qui, en quelque sorte, donnait du sens à son organisation. En n'observant pas le programme négocié entre l'organisme qui m'employait et l'hôpital, je me montrais attentive aux souffrances concrètes et invitais le groupe à chercher à comprendre, avec mon aide, ce qu'il avait à vivre, ainsi qu'à créer-trouver, en lui, des ressources pour faire face aux risques du métier, sans tout attendre de l'institution. Ce groupe en grande souffrance a expérimenté avec moi un espace d'élaboration pour penser la sidération et la terreur vécues quelques jours auparavant, après avoir été répétées et transférées dans l'ici et maintenant du groupe de formation et dans la psyché de l'intervenant externe, quelque peu dépassé par les processus qui ont été mis en jeu.

Pour aboutir à cette compréhension du geste de cet infirmier, je suis d'abord passée par la verbalisation des émotions fortes, intensément ressenties dans mon propre corps, que cet infirmier avait suscitées en moi, alors qu'il arrivait le deuxième jour seulement, sans faire prévenir la veille, sans que personne du service de formation de l'hôpital ou qu'un autre membre du groupe de formation m'en informe, tout en faisant disparaître ma bouteille d'eau, dès le jour de son entrée dans le groupe.

J'ai proposé une pause, puis un temps d'échange au groupe, pour rendre possibles l'expression d'abord, l'analyse ensuite des souffrances éprouvées par les infirmiers qui ont eu à intervenir directement auprès de ce patient-impatient, afin de traiter les effets du passé sous silence institutionnel de l'attaque à la machette, ce dont je n'avais pas été informée avant le début de la session.

Dans notre réflexion intérieure propre, nous avons pris à notre compte aussi l'insuffisance du travail d'explicitation préalable à toute intervention. Nous nous sommes laissée surprendre par l'annonce des événements de cet hôpital, d'autant plus fortement que des mots très chargés ont été utilisés pour en donner récit. Les infirmiers ont employé le terme attentat pour en parler. Ces mots ont résonné très fortement, cette session de formation s'étant tenue début 2016, quelques semaines ou mois après les attentats terroristes de Paris en janvier et en novembre 2015, pour ne parler que de ceux-là. »

Quelques pistes pour accueillir la violence/souffrance en groupe de formation

Bien entendu, vient d'abord le temps d'accueillir l'objet violent qui semble avoir été lancé par un ou des participants et de se rappeler de la règle de référence selon laquelle, quand on est analyste de groupe ou formateur et que l'on a l'ambition de se référer à la psychanalyse, il convient de prendre en compte ce que l'on ressent immédiatement ainsi que les hypothèses qui nous passent par la tête, tout en les examinant avec un doute méthodologique. Ce doute nous invite à nous rappeler toujours que nous ne comprenons pas grand-chose et qu'autrui est toujours un autre, qu'il est d'abord énigme. Comme nous-même nous sommes divisé et qu'en nous siège un Je qui est un autre que nous ne connaissons pas bien. En certaines circonstances, sachons reconnaître que nos assises narcissiques vitales peuvent être ébranlées, et que nous en devenons vulnérables. Ce Je qui est un autre en nous peut révéler des parts de nous-même que nous ignorions jusque-là.

Ce doute méthodologique nous invite à concevoir ce qui advient comme une inconnue, à ne pas ramener à du déjà connu le non encore advenu. En effet, chaque fois, nous sommes dans une situation nouvelle. Nous devons être circonspect face au sens qui nous est immédiatement suggéré par un savoir quelconque. Si nous nous laissons guider par ce savoir, nous risquons fort de nous réfugier dans une interprétation strictement défensive et de considérer, par exemple, l'infirmier cité comme nocif et destructeur. Il est recommandé aussi de reconnaître, le cas échéant, la confusion dans laquelle nous pouvons nous trouver plongé. Puis, nous devons prendre le temps de comprendre, afin d'éviter que ces objets envoyés et reçus, ou fabriqués par nous et attribués aux autres, ne s'installent à demeure dans notre psyché et deviennent des noyaux toxiques et flottants, c'est-à-dire non liés, suscitant des souffrances professionnelles dans les liens tant interpersonnels qu'institutionnels[1], ce qui nous invalide et nous empêche de faire ce que nous avons à faire, là où nous sommes.

Quand nous sommes là pour entendre des récits du mal-vivre des autres, les premiers moments d'une rencontre avec autrui ou avec un groupe sont des plus importants. Là siège la première difficulté : quel est, ou quel a été, le moment premier pour les uns et pour les autres ? Quel est le moment qui a été vécu par les personnes que l'on accueille comme premier contact pour elles – par exemple, comme stagiaires dans un stage de formation, ou comme nouveaux membres d'une équipe dans une institution ? Quel est ce moment pour chacun de nos interlocuteurs qui oriente la disponibilité psychique aux autres et aux moments qui s'ensuivent ?

Quand on doit accueillir une personne nouvelle dans un service ou plusieurs personnes pour commencer un groupe de formation, on pense au cadre, aux règles du jeu et à la tâche de base de chacun et à la sienne. On se questionne sur les mots que l'on va choisir pour énoncer règles et tâche de base. Nous aimerions bien pouvoir aussi anticiper les résonances qui seront provoquées en nos interlocuteurs à l'écoute de ce qu'on se prépare à dire.

On aimerait bien avoir tout prévu, afin que l'espace de rencontre soit sous contrôle, qu'il n'y ait pas de débordement et que chacun des participants s'y sente suffisamment bien, qu'ensuite chacun ait su en tirer profit et soit content. Ce « cadre » que l'on conçoit pour nos actions d'intervention ou nos sessions de formation instaure, en principe, les conditions propices à la construction d'une enveloppe collective suffisamment solide et suffisamment ouverte pour rendre possibles autant l'existence individuelle en présence des autres que la construction d'un lien groupal autorisant l'engagement dans une expérience commune de formation en groupe, ou dans une réflexion, sinon une action collective, à l'aide des pensées des autres, sachant que réfléchir ou penser est une action.

Rêve-t-on d'un dispositif de travail en groupe dans lequel tout le monde trouverait sa place et se sentirait en sécurité ?

Notre expérience nous a appris que chaque dispositif rend possibles certains processus et effets de ces processus, met à l'aise certaines personnes, pendant que les mêmes modes de faire, que l'on est en mesure de proposer et d'instaurer, réactivent chez d'autres bien des inconforts, voire des angoisses d'insécurité fondamentale. Nous avons donc toujours à nous préparer à accueillir les expressions de ces inconforts que notre dispositif inflige.

Mais alors, quels espaces pour quelle(s) parole(s) ?

Offrir, par exemple, un espace d'expression et d'analyse des souffrances professionnelles présuppose que celle ou celui qui en prend la responsabilité est en mesure de se mettre à l'écoute de la souffrance d'autrui en situation de groupe de formation. Dans ce type de circonstance, on est dans un espace groupal plus ou moins large par le nombre. Cela demande de ne pas occulter

le fait qu'autrui est sollicité en situation collective et que c'est en groupe avec sa multiplicité potentielle, à la fois excitante et inquiétante, sa multiplicité d'altérités et d'énigmes de l'autre, que chacun va devoir prendre le risque de parler et d'écouter. Cette remarque est banale et pourtant, il ne faut pas la passer sous silence. Un dispositif collectif doit être pensé pour ce qu'il est. Il est le réceptacle de ce qui se joue dans une équipe ou dans un groupe, sachant que les individus mis en groupe sont aussitôt mobilisés par des motions potentiellement réversibles, tant fratricides que fraternelles, quels que soient la tâche de base des uns et des autres et le cadre de travail. Soit on est là pour produire un travail, soit on est là pour se former, soit on est là pour se guérir des blessures que la vie nous a infligées.
Toutefois, l'individu qui vient en formation ou en thérapie, voire en régulation d'équipe, doit faire un chemin avant de s'engager et s'accepter comme patient, comme stagiaire en formation ou comme membre d'une équipe en souffrance. Dans l'un comme dans l'autre cas, il s'agit de commencer par faire de la place en soi et par se déformer en renonçant à des formes antérieures qui nous ont servi ; c'est à cette condition que l'on va pouvoir se transformer, à moins que l'on ne soit seulement venu pour se rassurer et se conforter dans ce que nous sommes, sans aucune demande de changement personnel.

Différences entre groupe psychothérapeutique, réunion d'équipe, groupe de formation et journée d'étude et colloque

Pouvons-nous nous autoriser à entendre la souffrance de la même manière quel que soit le lieu où elle est manifestée, explicitement ou à demi-mots ? Savons-nous décrypter cette parole qui exprime une souffrance ? Pouvons-nous entendre des éléments de l'intime dans des temps libres des entre-deux, avec peu de monde ou dans un espace ouvert et public et pas très intime ? Pouvons-nous tout dire à partir du moment où il y a un lieu et un autre à l'écoute ? N'y a-t-il pas des limites entre les espaces de notre intimité, de notre vie privée, de notre vie publique et de notre activité professionnelle ?
Limite ne veut pas dire étanchéité des frontières entre toutes ces dimensions qui façonnent notre mode d'être au monde et en relation. L'on peut glisser parfois rapidement d'une dimension à l'autre de notre personne quand nous nous sentons mis en danger. Nous pouvons parfois dériver et renoncer aux théories de référence qui nous aident à nous interroger et à penser et nous risquons alors de nous replier dans une rationalisation idéologique qui nous retranche de la confrontation à la réalité, à l'altérité, ce qui coupe court à tout échange et rompt avec un processus de formation.
Se pose donc la question de l'adéquation du cadre spatial et pratique avec le cadre idéologique et/ou théorique proposé en relation avec ce qui est attendu de chacun.e. La tâche première d'une session de formation, pour ses formateurs, est sans doute dans la disponibilité à entretenir pour préserver son attention à ce qui va émerger, sans a priori, afin d'accompagner ensuite le groupe et ses participants dans la recherche du sens que les éléments directement observables peuvent recouvrir dans le cadre de travail proposé.
Notons que le souci de bien faire, afin d'être au plus près de l'autre ou des autres, pour permettre à chacun.e l'expression de ses difficultés et questionnements, peut amener à s'éloigner de la tâche première annoncée. Lorsque la tâche première est suffisamment bien comprise – ce qui suppose un travail préliminaire pour se la

représenter et en élaborer l'énoncé avec clarté –, cela aura un effet structurant, car le cadre, en tant qu'arrière-fond, sera suffisamment étayé en nous. Tout « écart » aux règles énoncées constitutives du dispositif peut alors être interprété par rapport à ce qui a été préalablement pensé et dit. Cela peut nous conduire à nous interroger sur la différence entre dispositif et cadre. Un dispositif est un aménagement technique ou pratique que l'on peut décrire aisément, et dont on peut faire varier plus ou moins les composants ; un dispositif est aussi pour partie matériel ou spatial. Le cadre peut être conçu comme un ensemble plus abstrait et plus difficile à expliciter. C'est une disponibilité intérieure qui permet une écoute des paroles prononcées, une attention résolue également, quoique flottante, aux conduites non verbales observables, c'est une écoute soutenue par son expérience et ses théories de référence, une éthique. Ce que l'on nomme à l'aide du mot cadre est donc plus incertain, car on ne maîtrise ni les tensions énigmatiques, ni la théorie, ni notre rapport à celle-ci, ni les mouvements transféro-contre-transférentiels convoqués en nous à l'écoute des autres et d'un groupe. Quand on croit être maître des choses, on baigne en pleine illusion, et la théorie à laquelle on se réfère n'est qu'un alibi défensif qui sert le lien de méconnaissance que l'on préfère entretenir à l'objet dont on ne veut rien savoir.

Des lieux où dire, parler avec d'autres, déposer sa parole pour sortir de sa solitude ?

Oui. Mais où ? Pourquoi, et pour en faire quoi ? Ce questionnement vient en amont de la construction d'un collectif. Un lieu pour échanger avec les autres, mais en vue de quoi, d'une décharge, d'une purge ? Déverser sans reprise transformatrice ne fait pas avancer beaucoup. En revanche, si le dispositif est suffisamment pensé, installé, habité, des liens ou des hypothèses quant aux liens entre différents récits de souffrance ou d'expériences questionnantes peuvent être exprimés et susciter des identifications croisées entre les participants, favorisant une sortie de vécus d'isolement et de solitude.

Un lieu de dépôt seul n'est pas suffisant, tout comme plusieurs personnes réunies dans le même espace ne suffisent pas non plus à la construction d'un cadre groupal. Dans cette occurrence, il s'agirait plutôt d'un regroupement, d'une bande où les choses s'échangent dans l'ombre et la pénombre des circulations inconscientes, sans rien appréhender des enjeux narcissiques mobilisés, la souffrance pouvant alors s'amplifier. il ne s'agit pas de faire pour faire, de dire pour dire. Il s'agit plutôt de donner l'occasion à des stagiaires comme à des professionnels de raconter, le plus spontanément possible, leur pratique et leurs émotions associées à celle-ci, advenues au cours d'un acte professionnel et, peu à peu, de les accompagner pour qu'ils fassent passer, via l'analyse et l'élaboration en groupe, leur activité professionnelle de la seule pratique à l'expérience, de l'acte à la pensée de celui-ci, par un déploiement nouveau de l'activité psychique et du territoire de la pensée.

Un regard clinique sur la question de l'accueil de la violence comme expression énigmatique d'une souffrance laissée en friche

Accueillir, c'est être disponible dans l'ici et maintenant, c'est tenir son appareil psychique en alerte, disponible, pour accueillir ce qu'un autre va nous confier, et plus d'un autre aussi, si l'on est en groupe. Si autrui vérifie que nous sommes bien là, ici et maintenant avec lui, il pourra trouver sa place et chercher des mots pour s'exprimer dans la situation actuelle où il se trouve avec nous. Accueillir cet autre, c'est prendre le risque d'accueillir dans sa psyché des manifestions non pensées de sa souffrance, générées dans et par des liens malmenés dans les dynamiques groupales et institutionnelles dont il participe ; cette souffrance peut prendre la figure de revendications, de désaccords idéologiques, d'une critique de la méthode, ou traduire un fort malaise dans le groupe.

L'enjeu n'est pas de maîtriser ces souffrances, en les faisant entrer dans la case d'une catégorie diagnostique afin d'en proposer un nom et un remède, mais plutôt de porter intérêt à ce qui émerge là sans crier gare. C'est souvent au décours d'un mot, d'un geste, d'une revendication, dans un détail, que réside le point de départ d'une chaîne associative groupale créative. On ne l'aperçoit pas nécessairement, car nous ne sommes pas dotés de la même sensibilité que ceux qui nous parlent ou nous expriment quelque chose, verbalement ou non. Est-ce un vécu douloureux que des participants tentent d'adresser ? Est-ce une souffrance qui vient d'ailleurs et qui est ici transportée, faute d'avoir pu se dire dans le lieu qui l'a provoquée et être adressée à ceux qui en sont les protagonistes initiaux ?

Les manifestations de souffrance des personnes avec lesquelles vous êtes en relation et qui vous mettent vous-même à l'épreuve en vous faisant violence sont à accueillir comme des énigmes et à appréhender dans leur contexte, qui comporte toujours des contextes emboîtés, donc multiples. Vous sont-elles adressées à vous ? Ou sont-elles adressées à quelqu'un d'autre qui n'est pas là ? Si, selon votre conviction, vous en êtes le seul destinataire, il y a lieu de vous interroger sur les dispositifs que vous avez pensés et mis en œuvre et donc sur la demande ou la commande à laquelle vous avez répondu ou cru devoir répondre. Si elles transitent par vous alors qu'elles sont destinées à d'autres, ou à une autre instance, il est sans doute utile de s'en apercevoir, mais d'assumer pleinement qu'elles passent par vous, par le travail du transfert, du moins si vous voulez soutenir la responsabilité d'une orientation autre ensuite, afin que cette manifestation et ce déplacement de souffrance, d'une scène à une autre, ne restent pas dans l'ombre et puissent être objet d'analyse et de reconnaissance.

Plusieurs réactions peuvent en résulter

– Le rejet, par le formateur, de la manifestation d'un participant ou stagiaire qui ne coïncide pas avec les normes de l'institution ou avec les orientations convenues pour la formation que celui-ci anime dans une institution. Comment comprendre une telle conduite ? S'agit-il d'une rétraction défensive de la part du formateur face à une part obscure, projetée sur lui, de la subjectivité de ce que l'autre lui adresse ? Le formateur se défend-il contre les affects d'insécurité provoqués chez le stagiaire par le dispositif proposé ou par la façon dont le formateur a présenté le dispositif ? Cela, selon une rationalisation consciente, pour protéger la survie du groupe et du programme. Mais à quel prix ?

– Il se peut aussi que l'émergence d'une souffrance ou d'une revendication prenne une telle force dans son expression qu'elle suscite de la sidération pour celui qui la reçoit, gelant la malléabilité désirable et potentielle du formateur et du dispositif face à ce qui se donne à entendre pourtant comme un nouveau matériel de travail. Dans ces cas, nous constatons parfois une rigidification du dispositif, voire du cadre interne du formateur, qui, certes, permet d'aller jusqu'au bout du programme fixé, mais qui ne tient plus compte de la réalité propre de la dynamique groupale. N'est-ce pas pour autant notre matière première de travail ? L'articulation entre sujets et groupe n'est-elle pas notre boussole pour penser ou repenser la qualité du lien social, afin d'ajuster nos modes de faire pour accompagner toujours au plus près nos interlocuteurs, selon ce qu'ils sont prêts à mettre au travail en eux et avec les autres ?

Ces réactions immédiates de défense – sidération, rejet, déni ou tout simplement sentiment d'impuissance – sont des manifestations de la vie psychique confrontée à ce que nous n'avons pas encore pensé, individuellement ou en équipe. Ce « matériel » éruptif, non pensé, prend alors une allure inquiétante car non maîtrisable ; non connu, tel un étranger aux habitudes bien éloignées des nôtres qui parlerait une autre langue, ce « matériel » risque de mettre en péril notre intégrité psychique – la réalisation de notre tâche première, celle pour laquelle nous pensions avoir été sollicité au départ. De telles étrangetés peuvent susciter des angoisses, voire de l'épouvante. Comment faire travailler ces données énigmatiques dans notre appareil à penser (appareil psychique ou appareil culturel), afin de passer de l'étrangeté à une représentation qui donne du sens et éclaire tant les rapports avec la réalité qu'avec l'imaginaire de celle-ci ?

Que se passe-t-il du côté du stagiaire ?

Lorsqu'un stagiaire est engagé dans une formation, il lui est proposé un dispositif et des médiations, afin qu'il se mette au travail de formation, tout en revisitant ses acquis antérieurs. C'est un temps de remaniements psychiques et identificatoires et de reconnaissance des investissements émotionnels liés aux formes sociales et professionnelles qu'il a apprises antérieurement. Ce temps d'entre-deux des stages de formation, des transformations intérieures, peut, bien entendu, faire vivre des phases de désorientation et de fragilité car les défenses narcissiques et les identifications antérieures vacillent.

Accepter l'accueil de l'inadvenu pour soi, en reconnaissant cet inadvenu pour ce qu'il est, un objet énigmatique, nécessite de ne pas ramener l'inadvenu à du déjà connu. C'est accepter une forme d'apprentissage du nouveau, c'est accepter de se confronter à des réalités avec de nouveaux regards, c'est aller vers de nouvelles théorisations, plus amples, c'est modifier son rapport à soi-même et aux autres, ainsi qu'au savoir. Rien de moins simple. Ces mouvements de trouvailles, de découvertes de nouveaux liens entre les objets du monde, interne ou externe, résultent des nouvelles voies frayées en nous, qui donnent une nouvelle extension à notre territoire psychique et à nos capacités de penser.

Si de nouvelles connaissances et de nouveaux liens ne sont pas éprouvés de l'intérieur, alors ils ne sont acquis qu'à moitié, c'est-à-dire pas du tout. Se former, c'est accepter de rentrer dans un processus de changement personnel, c'est une prise de risque, une relative fragilisation des repères coutumiers. Un stage ou un espace de formation en groupe de formation n'est pas seulement un temps d'accès à des connaissances, c'est d'abord une expérience groupale, une expérience des liens entre soi et les autres, entre le dedans et le dehors de soi, ou entre son intériorité psychique et une extériorité sociale. C'est un passage entre un avant et un après, si du moins cet entre-deux, qu'est un stage, a eu des effets significatifs de formation.

Le positionnement du formateur face à ces mouvements

Le formateur préoccupé de ces questions se doit d'être attentif à ces mouvements de transformation de ses interlocuteurs que sont les stagiaires ainsi qu'aux mouvements du groupe lui-même, qui bien souvent prennent des allures de tensions, de conflits, de souffrances. On ne se forme que par découvertes successives, qui montrent à chaque fois combien un trajet de formation bouscule et n'est, en définitive, jamais achevé.
Comment être suffisamment disponible à ce qui se joue pour percevoir l'inadvenu en soi et pour les autres ? Les règles, les méthodes et les démarches présentées au début de chaque regroupement ou action de formation ou d'intervention sont destinées à rendre possible le processus groupal et de formation qu'un stage génère, ou peut générer. L'instauration d'un cadre, et donc d'un dispositif, est une responsabilité de départ qui revient au formateur afin que l'expérience groupale puisse avoir lieu dans les meilleures conditions possibles. Le dispositif est délimité par des règles de fonctionnement explicitement énoncées, et plus ou moins consciemment acceptées par tous. Telles des bordures à la jouissance individuelle, au profit de la garantie d'une place possible pour chacun.e dans un fonctionnement collectif encadré, les règles du jeu que l'on énonce permettent de créer une base commune parce que susceptible d'être progressivement intériorisée par chaque participant.e, ce qui soutiendra et contiendra les processus qui seront à l'œuvre.
Tous les processus se déroulant dans un espace de formation ou d'analyse des processus collectifs appartiennent à cet espace, c'est pourquoi l'émergence de manifestations de souffrance et de violence, par exemple, doit être reçue, analysée, interprétée, comme prenant sens dans l'ici et maintenant du dispositif installé et du cadre en arrière-fond à découvrir.

Une conclusion ?

Écouter les autres dans leur singularité, tout en restant modeste, et accepter qu'on ne comprend jamais grand-chose, au moins au début d'une rencontre, est sans doute une première étape, afin que chacun puisse s'engager et contribuer avec les autres à la dynamique groupale possible, ici et maintenant et en contexte. Cela suppose de se déprendre des résonances que prennent en nous des éléments mis en jeu, qui entrent de façon trop brute dans notre psyché jamais complètement équipée pour les « entendre ».
Proposer un cadre de travail revient à proposer une sorte d'intime-collectif où des choses peuvent se parler grâce à une sécurité suffisante qui s'aménage progressivement.
La dimension de rituel que peut recouvrir la mise en place d'un dispositif de travail de formation suppose de l'avoir discutée avec d'autres, avant l'action elle-même, et d'en avoir bien choisi les mots pour le dire en situation.
L'émergence de conduites qui font violence dans l'ici et maintenant ne peut être imputée aux autres, par exemple aux seuls stagiaires, alors qu'elle résulte d'un processus collectif et de formation qui est provoqué par ce que le formateur a mis en place, et par tous les éléments impensés des auspices interinstitutionnels d'une formation. Conservons ce doute méthodologique selon lequel nous n'avons jamais suffisamment analysé et élaboré le contexte avant l'action, ni notre propre rapport aux

équipes, ni aux institutions demandeuses. Bien sûr, il nous faut un lieu pour le travail et le temps de l'après-coup : par exemple, il nous faut disposer d'un lieu groupal pour parler nous-même de ce que que nous vivons, redoutons, fantasmons quand nous avons pris la responsabilité d'une formation ou d'un accompagnement d'équipe.

Pour aller plus loin

ANZIEU, D. 1975. « Le désir de former des individus. Politiques et expériences de formation », *Connexions*, n° 16, p. 29-36.

ANZIEU, D. 1975. *Le groupe et l'inconscient*, Paris, Dunod.

FÉDIDA, P. 2001. *Des bienfaits de la dépression. Éloge de la psychothérapie*, Paris, Odile Jacob.

GORI, R. 1996. *La preuve par la parole*, Paris, Puf.

KAËS, R. 1979. « Introduction à l'analyse transitionnelle », dans *Crise, rupture et dépassement*, Paris, Dunod, p. 1-81

O'DWYER DE MACEDO, H. 1994. « L'espace transitionnel », dans *De l'amour à la pensée*, Paris, L'Harmattan, p. 113-136.

PUGET, J. 1989. « Le transfert dans les situations de violence sociale. Le transfert dans le groupe », *Revue de psychothérapie psychanalytique de groupe*, n° 12, p. 79-90.

REVAULT D'ALLONNES, C. 1989. « Entre réalité, vérité et conviction : le travail du doute », dans *La démarche clinique en sciences humaines*, Paris, Dunod, p. 84-86.

ROUSSILLON, R. 1987. « Espaces et pratiques institutionnelles. Le débarras et l'interstice », dans R. Kaës (sous la direction de), *L'institution et les institutions. Études psychanalytiques*, Paris, Dunod, p. 157-178.

SIROTA, A. 2009. « Qu'est-ce qu'un stage de formation ? », *Vers l'éducation nouvelle*, n° 533, p. 62- 74.

SIROTA, A. 2015. » Qu'est-ce que penser ? », *Vers l'éducation nouvelle*, n° 560, octobre, p. 18-22.

SIROTA, A. 2017. *Pervers narcissiques. Comprendre, déjouer, surmonter*, Paris, Le Manuscrit.

WINNICOTT, D.W. 1971. *Jeu et réalité. L'espace potentiel*, Paris, Gallimard, 1975.

Note

1. R. Kaës, « Souffrance et psychopathologie des liens institués », dans *Souffrance et psychopathologie des liens institutionnels,* Paris, Dunod, 1996, p. 1-47.

RÉSUMÉ

En groupe de formation ou dans une instance d'accompagnement d'une équipe de travail, il arrive que des propos dits par autrui soient reçus par nous comme des projectiles envoyés pour nous faire mal, nous déstabiliser, nous humilier, nous diminuer, voire nous anéantir. Selon les cas ou notre formation, nous pouvons être formateur, accompagnateur d'un groupe ou, par exemple, psychothérapeute ou analyste de groupe. Dans ces différentes occurrences, il peut arriver que nous nous sentions pris délibérément pour cible. Comme ce que nous recevons pour attaque peut ne pas en être une, nous avons à explorer et à comprendre ce qui est mobilisé en nous quand différentes expressions font violence au plus grand nombre ou quand nous nous ressentons personnellement visé.

Dans cet article, les auteurs montrent qu'une interpellation ressentie comme une « attaque » narcissique intime peut recouvrir et masquer d'autres visées. Le sens d'une attaque du cadre, de l'objet, de la tâche, du groupe, ou de la personne qui en est le principal garant, peut se révéler à nous, si nous avons le courage du travail psychique de l'après-coup. Il exige de nous la reconnaissance de nos projections propres, que l'on nomme transféro-contre-transférentielles quand on se réfère à la psychanalyse. Comprendre ce qui advient en soi permet de restaurer sa disponibilité psychique à autrui et à plus d'un autre.

MOTS-CLÉS

Violences dans un groupe, attaque narcissique, contre-transfert, travail de l'après-coup, garant du cadre, solidité du cadre de travail.

Ça c'est psy !

DOMINIQUE BESNARD
Psychologue, formateur.

Combien de fois a-t-on entendu cette expression dans les propos d'animateurs, d'éducateurs, d'enseignants, de travailleurs sociaux et de psys eux-mêmes ? Et du quidam moyen aussi, tellement ce qui serait du domaine de la psychologie, du monde de la psychologie, est passé dans la sphère publique, dans le langage courant via les médias qui en usent et en abusent avec le concours, il faut bien le dire, des psys en tous genres, qui ont toujours un avis sur tout et surtout un avis, quand bien même il n'y a rien à dire de manifeste sur les questions posées.

« Ça c'est psy », c'est en fait ce qui advient quand tout ou presque a été dit et qu'aucune réponse ou solution n'apparaît satisfaisante et rassurante ; alors est énoncé ce qui semble de l'ordre de l'incompréhensible, de l'intime, du non-rationnel, de l'insondable, du mystère… la psyché humaine !

Comme si quand on ne sait plus dire ou pas dire, donc quelque part renoncer, il fallait dire encore ? La dérive psychologisante des comportements humains fait ainsi apparaître cette formule trop souvent première avant même d'avoir rassemblé d'autres éléments, points de vue et observations. Le « ça c'est psy » a envahi les propos de beaucoup de personnes exerçant auprès d'enfants, d'adolescents et d'adultes, et de parents eux-mêmes, au point que dès la moindre interrogation sur l'autre, le « ça c'est psy » est annoncé et revendiqué comme l'absolue révélation. Révélation en forme d'assertion qui renvoie donc la cause à l'individu, exclusivement à l'individu, dans sa construction, dans ses gènes, par conséquent aussi à ses géniteurs ! Et affirmation qui exclut ainsi les responsabilités plus partagées de celles et ceux qui ont à côtoyer le dit individu et qui omet de considérer les effets des situations sur chacun.

Que d'erreurs, de bêtises de diagnostics et de remédiations au nom de cette sacrée formule ; mais aussi que d'impasses ou de cécités sur les fondements de souffrances diverses quand cela est dit sans précaution ou avec la certitude affirmée de l'expert. Le « ça c'est psy » omniprésent contamine la pensée par cette volonté de séparer, d'isoler, de symptomatiser ; en fait de s'illusionner dans une réassurance fictive. Plus préoccupant, cette facilité à user de cette lecture révèle cette propension à l'interprétation des comportements référés soit à la morale dominante, soit à une approche qui se veut scientifique, mais dont les tenants et aboutissants éludent trop rapidement la complexité humaine, sa dimension inconsciente et sa part d'ombre ; où le soi-disant savoir précède la rencontre de l'inattendu de l'autre et de sa subjectivité.

Mais alors le « ça c'est psy » existerait-il vraiment ? Il faut bien l'avouer et le reconnaître, oui ; sauf à nier notre capacité à penser et à rêver, à aimer et à souffrir. Le « ça c'est psy » existe bel et bien, car en fait tout est psy ! De la même manière que tout est corporel, somatique, que tout est relation aux autres, social et culturel. Chacun de nous est un être biologique, psychologique et social, dont l'entité n'est pas seulement l'addition des trois composantes, mais l'en-plus produit par le langage dans une histoire à chaque fois singulière.

Comprendre, accompagner, aider et soigner, tout cela demande du temps, le temps nécessaire de la rencontre, sans crainte. Ce travail, car cela en est un, demande une attention à la musique de la rencontre, dans ce qui se dit ou ne se dit pas, par les mots et les silences, pas seulement du point de vue du contenu du message mais aussi de ce qui en signale le soutien, la scansion, l'ambiance. Un travail qui entretient la relation du désir et qui ne désespère pas de la capacité humaine malgré les affres de la souffrance et ses errements.

L'interprétation se doit d'être la plus retardée possible, car trop hâtive, elle n'est que parcellaire, superficielle et bien souvent partiale, parce qu'empreinte des propres projections de l'auteur. Observer le plus longtemps et le plus humblement, sans préjugés, sans attente, en n'oubliant jamais la manière d'être au monde de chaque personne dans sa complexité. Pour reprendre une expression de Jean Oury, « être au plus près de l'autre pour en percevoir le plus lointain ». Ça c'est psy et dans ce cas, il n'est nul besoin de le dire.

Ados LGBTI. Les mondes contemporains des jeunes lesbiennes, gays, bisexuel(le)s, transgenres, intersexes

Thierry Goguel d'Allondans

Presses de l'université Laval, 2017

L'adolescence ! Temps de toutes les mutations, de toutes les interrogations, de toutes les révélations. Les apprentissages se multiplient sur fond de curiosité et d'expérimentation, pendant que les identifications et mimétismes se font le socle d'une tentative d'affirmation de soi. C'est le moment de la socialisation, des rencontres amoureuses, des choix professionnels, au seuil de la vie d'adulte. Pour certains, dont le schéma de construction diffère un peu des archétypes sociétaux, ce peut, aussi, être le temps d'un grand isolement, de profondes inquiétudes, de ravages récurrents.

Les ados LGBTI, dont il est question dans cet ouvrage dynamique, documenté et empathique, font les frais, au premier chef, d'un ostracisme et d'une marginalisation que l'on peine à imaginer dans le contexte aussi permissif et soi-disant libéré de ce début de XXIe siècle… Et pourtant ! L'avènement des *coming out* et du mariage pour tous, s'ils sont devenus monnaie courante, n'exclut malheureusement pas les inimaginables harcèlements et moqueries dont sont victimes ces ados. Ils en payent le prix fort, tant leurs constructions narcissiques s'en voient altérées. Les conséquences peuvent aller de la dépression au suicide, en passant par la palette des symptômes de passages à l'acte, fugues et atteintes à leur intégrité corporelle. Ceux qui s'en sortent le mieux ont été épaulés par un entourage bienveillant éloignant les angoisses liées à la honte, au mensonge, à la culpabilité et souvent à une double vie schizoïde ciblant une intégration rassérénante. Certaines cultures, ailleurs, valorisent ces positions sexuées, les érigeant en rites initiatiques, tandis que l'intégrisme et les dictatures règlent, encore de nos jours, ce qu'ils perçoivent comme des déviances à raison de lapidations ou défenestrations. Mais l'hostilité des bien-pensants de nos provinces bourgeoises ou reculées s'inscrit en masse sous les fourches caudines de la normalisation. Des questionnements sur les fonctionnements possibles de ces groupes, face à une majorité hétéro, peu encline à la tolérance, se posent, et les tentatives de réponses et solutions restent encore diverses et aléatoires, réduisant les individus non à ce qu'ils sont, mais à leur sexualité (écoles pour enfants de couples homo, maisons de retraite pour gays, lieux et quartiers dévolus aux festivités associées). On se prend à rêver à une réflexion et à une humanisation qui introduiraient l'audace de l'inédit et ne stigmatiseraient plus un groupe en tant que minorité. Les combats feront encore long feu et les sujets mettront encore une belle énergie à militer, à résister, pour exister… À quand le droit à l'indifférence sociale ?

FLORENCE PLON

Approche psychanalytique du travail d'écriture. Enjeux, sens et techniques des écrits professionnels dans le champ social et éducatif

Christian Gauffer

L'Harmattan, 2017

Tous les travailleurs sociaux le disent : ils sont saturés de demandes d'écrits en tous genres, de la note d'incident au juge au rapport de synthèse, en passant par le projet personnalisé… A priori, la demande est légitime : qu'avez-vous fait concrètement de l'argent public ? En quoi cela a-t-il servi aux usagers que l'on vous a confiés ?

C'est une chance à saisir pour faire valoir leur action, la donner à lire, mettre au jour auprès des dits « usagers » une action complexe, qui la plupart du temps n'est pas visible. Tout cela serait fort bien si la pression ne pesait lourdement d'exigence d'écrits de plus en plus standardisés, protocolisés, réduits à la portion congrue de chiffres et grilles. D'une part, cette pression constante qui émerge de la puissance publique prolétarise profondément les travailleurs du social en les amputant de la valorisation de leur travail, en les aliénant de ce sentiment fondamental du travail bien fait, et au bout du compte en les coupant de leurs capacités à produire le sens de l'action. Christophe Dejours, praticien de la psychologie du travail, a montré qu'il s'agissait d'un des ressorts de la souffrance au travail. D'autre part, notons que cet état de fait produit, au sein des institutions sociales et médicosociales et des équipes qui y œuvrent, une ambiance soupçonneuse délétère.

Le constat étant posé, alors que faire ? C'est là que le petit ouvrage de Christian Gauffer prend toute sa force et sa valeur. L'auteur, psychologue, psychanalyste, formateur et superviseur, reprend la question des écrits professionnels par le biais du sens et de la pratique, et non celui de ces demandes administratives et bureaucratiques de plus en plus pressantes et éclatées. L'ouvrage s'ouvre dans deux directions : stratégique et tactique. Stratégique : il s'agit de ne pas lâcher sur un enjeu de taille, celui de faire reconnaître et valoriser la nature du travail fourni par les professionnels. La question est cruciale dans le moment sociohistorique que nous vivons, où nous assistons à une déqualification des professions sociales et éducatives. La construction d'une culture professionnelle au sein des métiers et des établissements, la mise en exergue de valeurs communes déclinant les grands principes de la République et de la laïcité, la défense de nos concitoyens les plus démunis, frappés par le handicap, l'injustice, la maltraitance… tel est l'enjeu. Mais cette visée qui constitue la toile de fond de toute action sociale prend des formes tactiques plus quotidiennes, parmi lesquelles l'écriture s'avère essentielle. Les écrits professionnels, c'est ce qui sort de l'institution et s'ouvre au regard extérieur. Il s'agit donc de repérer finement non seulement la place à partir de laquelle l'écrit est produit, mais aussi l'adresse à laquelle il est destiné (juge, inspecteur ASE…)

Sur le plan stratégique, l'ouvrage, dont l'approche s'éclaire de la psychanalyse en plaçant au cœur des métiers du social avant tout la rencontre et la relation humaine, prend appui sur les savoirs et savoir-faire spécifiques croisés en formation, mais trop souvent noyés dans les brumes du quotidien. Ainsi, le premier apport de cet ouvrage me paraît tout à fait central : (re) prenons confiance dans les fondamentaux éthiques, politiques, institutionnels, cliniques qui forment le socle de la pratique. Sur le plan tactique, l'approche méthodologique des écrits professionnels, émaillée de situations vécues d'écriture, ouvre une perspective de réappropriation et d'invention. L'ensemble est frappé du bon sens. Il s'agit pour chaque typologie d'écriture d'en repérer l'adresse, la finalité, la construction idoine, la mise au collectif… Il s'agit en même temps de traduire en mots ce qu'il y a de plus vivant dans la rencontre avec des sujets en grande souffrance. C'est avant tout du lieu de cette rencontre, qu'il s'agit de ne jamais perdre de vue, que les écrits des professionnels peuvent s'animer, s'illustrer d'émotions, de ressentis, et faire valoir, dans un véritable travail de passeurs, le plus singulier du sujet accompagné et soutenu. « Le respect de la dignité de la personne accueillie n'est pas négociable… », précise l'auteur. Cela fait écho avec cette assertion forte d'Emmanuel Kant : ce qui échappe à la marchandisation, c'est la dignité humaine. Il est de bon ton de le rappeler en un moment où ce qu'il faut bien désigner par son nom, le capitalisme, tend à réduire tout ce qu'il y a sur terre à l'état de marchandise. Et le travail dit « social » n'y échappe pas. Du coup, l'écriture des professionnels, pensée, argumentée, structurée comme cet ouvrage nous y invite, apparaît comme un mode de résistance à l'idéologie dominante, qui restitue à la clinique tout son tranchant subversif. Évidemment, ce travail ne prend effet que de deux impératifs. D'abord celui du transfert, où il s'agit d'éviter de se noyer dans la relation au risque de produire des écrits soit trop près, soit trop loin du sujet, trop affectés ou trop désaffectés. Là le travail de supervision clinique s'avère précieux pour écrire à la bonne distance. Ensuite, sur le plan institutionnel, une telle écriture créative et enracinée dans la clinique exige une liberté et une confiance accordées au savoir et au savoir-faire des professionnels. En effet, « il importe d'inscrire l'écrit en tant que liberté fondamentale du travailleur social dans la pratique institutionnelle, pour que celui-ci se hisse au niveau des exigences du métier ». Cette conclusion qui ponctue l'ouvrage ferait bon profit d'être méditée par les cadres et les personnels de direction des établissements, qui sont nombreux à se laisser bercer par les sirènes d'un management industriel débridé, où la pratique d'écriture serait réduite au chiffrage et à quelques bribes de la novlangue.

Un jour, j'assistais à une réunion de directeurs. François Tosquelles était assis à ma droite. C'étaient les débuts de PowerPoint ou équivalent. Les directeurs présents mettaient un point d'honneur à projeter sur un écran la typologie de la population de leur établissement, les mouvements de la file active, les statistiques afférentes… Puis l'ensemble des données débouchait sur de beaux camemberts et histogrammes colorés. Chacun semblait fort content du résultat. Tosq' s'est levé et, d'une toute petite voix, de plus en plus forte, a énoncé ceci : « Oui, oui, ça commence par le chiffre, puis on vous le tatoue sur la peau et vous savez comment ça finit : à l'abattoir ! » Le silence qui a suivi en dit long sur l'enjeu de résistance, à laquelle j'ai fait allusion, et dont participe le travail d'écriture des professionnels.

JOSEPH ROUZEL

S'engager aux côtés des familles. Comment notre histoire personnelle influence notre vie professionnelle

Claude Seron

Éditions érès, 2017

Ça semble relever d'une évidence : les professions de la relation humaine (éducatives, pédagogiques, thérapeutiques…) sont souvent ancrées dans le terreau d'une enfance difficile ou problématique. On se soigne de blessures intimes précoces en soignant les autres. C'est un peu devenu une tarte à la crème. Mais ça ne va pas de soi. Cette évidence demande à être mise à l'épreuve du feu de la pratique. Claude Seron n'est pas le premier ni le dernier à s'engager sur ce chemin de réflexion, à la fois personnelle et professionnelle.

Jusque-là, j'ai surtout lu des travaux relevant de la sociologie des métiers, donc surplombants et relativement peu impliqués. L'originalité de l'ouvrage est que l'auteur s'est plongé dans l'écriture à partir de son expérience de vie et de son engagement professionnel. Éducateur spécialisé, psychopédagogue, intervenant en travail social et formateur… il a parcouru toutes les chicanes du métier, principalement dans le cadre de la Protection de l'enfance à Liège, en Belgique. Fondateur en 1996 de l'association Parole d'enfant, il a ouvert largement au grand public le champ de cette réflexion sur l'enfance maltraitée et en danger.

Le déroulement de l'ouvrage a ceci de singulier qu'il mène en parallèle des récits de la pratique quotidienne d'accompagnement et de soutien auprès de familles et d'enfants en souffrance et les réflexions du praticien sur ce qu'il engage dans l'action. Sont mêlés souvenirs personnels et mises au jour des points de butée et d'incompréhension que rencontre l'auteur dans sa pratique. La matière même de l'ouvrage, sa facture, où s'entremêlent, telles des arabesques, des récits, des dialogues, des digressions sur des chemins de traverse, des souvenir d'enfance, des maillages théoriques (Boris Cyrulnik, Guy Ausloos …), des réflexions politiques… ouvrent au lecteur le théâtre de ce qui se profile comme un « gay sçavoir », comme le dit Rabelais. Un savoir bien loin des savoirs préfabriqués, prêts-à-penser. Un savoir savoureux issu directement de la pratique et façonné au jour le jour dans le feu de l'action, dont l'auteur recueille, dans son atelier de la langue, les après-coups et contrecoups. Ce tissage très subtil entre personnel et professionnel produit un récit tout à fait passionnant, témoignant au plus près de ce qu'engage un acteur social dans son action. Le tâtonnement, le doute, l'incertitude et l'intranquillité y ont fait leur nid !

L'auteur nous plonge dans la complexité du travail social où les affres de la relation transférentielle ne sauraient laisser indifférent. Le professionnel accueille, porte et supporte en lui-même, dans son corps, ses émotions, ses souvenirs, son histoire… les impacts émotionnels et affectifs que l'usager lui transfère et qui viennent réveiller, voire révéler, les failles et les blessures anciennes sur lesquelles lui-même s'est construit. Aussi pourrait-on dire qu'il s'agit d'un métier psychiquement dangereux, qui met sérieusement à mal les repères et représentations du professionnel, si ce travail de relation profond n'est pas relayé et élaboré par une reprise dans l'après-coup, en équipe, en supervision, en réunion clinique, etc. On ne peut pas absorber à longueur de journées le choc d'histoires terribles, d'enfants et de familles en grande souffrance, sans en être profondément affecté. Il s'agit de sauver sa peau ! Cette dimension est peu abordée dans l'ouvrage, mais on sent cependant que la dimension « phorique » (de portage) de l'équipe est centrale. On ne saurait exercer un tel métier en solitaire. Cela institue le travail social dans une chaîne de soutien : le professionnel soutient un enfant, une famille ; il est lui-même soutenu par une équipe, dont les membres se soutiennent eux-mêmes d'un travail interne (réunions d'équipe) et externe (supervision). Comme le souligne l'auteur : « La confiance en soi se conjugue au pluriel. » Ce passage complexe et articulé du phorique (portage, soutien) au sémaphorique (ça fait signe) pour aboutir au métaphorique (déplacement dans la parole et l'écriture) balise un chemin de travail où l'élaboration permanente du sens maintient éveillé et créatif. Le travail d'écriture de Claude Seron qui produit une reprise dans l'après-coup participe de cette dynamique. J'ai souvent eu l'image de ces poulpes qui rejettent de l'encre en arrière pour se propulser en avant. Ainsi en va-t-il du travail social : c'est la reprise sans cesse remise sur le métier de l'action, le récit, la « racontouze », chère au cœur de Georges Pérec, qui en produit la force et l'élan.

JOSEPH ROUZEL

124 **« L'intérêt de l'enfant ». Genèse et usages d'une notion équivoque en protection de l'enfance**

Béatrice Brauckmann et Salim Behloul
Préface de Michel Chauvière,
postface de Jacques Ladsous
L'Harmattan, 2017

Intituler un livre « L'intérêt de l'enfant » ne veut pas dire que le terme est avalisé au plus grand profit de l'enfance comme critère clef en matière de droit de la famille. Le doyen Carbonnier écrivait déjà en 1960 : « C'est la notion magique ! » et Anna Freud en 1973 : « Le concept d'intérêt de l'enfant est souvent invoqué pour justifier des interventions qui s'avèrent catastrophiques pour les enfants et leurs familles. » En 1995, Françoise Dekeuwer-Défossez, juriste réfléchissant sur les mythes fondateurs du droit contemporain de la famille, concluait : « Cette notion correspond à une boîte où chacun met ce qu'il souhaite y trouver [...] Donner au juge le droit de se déterminer en fonction de l'intérêt de l'enfant, c'est lui donner le droit de ne pas appliquer le droit. » Ce concept un peu mou pour Pierre Verdier, notion subjective et floue, c'est « un concept politique » – ce qu'il a d'ailleurs toujours été selon J.-P. Rosenczveig. La loi du 5 mars 2007 réformant la protection de l'enfance l'avait mis « au cœur » de son dispositif, la loi du 14 mars 2016 a confirmé sa place centrale.

S'il y a aussi des vertus à l'utiliser pour mettre l'enfant autour de la table et pas en dessous pour trancher dans des affaires qui le concernent ou le mettent en danger, cette fonction « supérieure » invocatoire fait penser à la belle affirmation « La France terre d'asile et des droits de l'homme », appuyée sur d'autres droits qui ont encore moins de force pour se dire, s'appliquer et sanctionner ceux qui les bafouent – personnes, organismes ou institutions, gouvernements...

Mais si cette notion n'existait pas, que faudrait-il inventer pour la remplacer, avec quel profit pour tous ? Version technique d'arguties juridiques pour le « c'est pour ton bien, tel que je le conçois », là où les victimes n'ont pas de solution pour elles-mêmes qui soit concevable, acceptable, réalisable... Les auteurs en retracent l'origine depuis l'histoire de l'Antiquité gréco-romaine jusqu'à la reconnaissance de l'enfant sujet de droit ayant ses propres tribunaux avec ses droits, et du XIXe siècle à la Convention internationale des droits de l'enfant qui en ferait une norme suprême.

Les marges d'interprétation sont repérées, depuis les droits, dont celui de l'autorité parentale, de la famille, des politiques publiques et aussi la philosophie et la pédagogie.

La troisième partie, « Références et pratiques », porte sur la protection de l'enfance et pose de manière concise et claire un ensemble de points concrets de mise en application ou discussion, avec des situations venant de la vie des services et repérant des points critiques à améliorer pour les années à venir – dont une carence de connaissances en droit dans la formation des travailleurs sociaux. À lire de nombreux travaux académiques pour les examens, j'y vois de longues listes de textes de référence et l'adoration des saintes écritures des lois de 2002-02, mais aussi une révérence qui ne pense pas le droit mais en applique des maximes manichéistes et prend de précieuses précautions afin de ne pas se mettre en danger et de se couvrir comme professionnel, en laissant le latin moderne de la discussion à ses clercs.

Or ce livre est clair, court, et ne génère pas l'ennui. L'un des auteurs, sociologue, est formateur dans un centre de formation en travail social, l'autre est inspectrice à l'Aide sociale à l'enfance et ex-éducatrice spécialisée. Ils ont eu à connaître et agir avec la réalité, pas seulement avec une connaissance idéale de ces affaires.

GILLES VAN AERTRYCK

La vie affective et sexuelle en établissement et service social et médico-social

Actualités sociales hebdomadaires
n° 3016, 22 septembre 2017, cahier 2

Rien que du droit, mais tout le droit. Ce nouveau dossier juridique des *ASH* fait le point sur le corpus juridique ayant à voir avec cette question éminemment humaine. Après l'analyse des textes vient un cahier informatif, explicatif, imprimé en gros caractères, écrit en termes simples et accessibles. Pour ce qui est de la réflexion sur les pratiques dans les établissements, on se reportera à *VST* n° 123, (2014) « Sexualité : quand l'institution s'en-mêle », et à *VST* n° 85 (2005) « Intimité et sexualité dans le travail social ».

Managements associatifs : innovations et risques

Empan
Dossier coordonné par Colette Milon-Aguttes, Stéphane Pareil, Blandine Ponet, Rémy Puyuelo
n° 107, septembre 2017

Empan, cette belle revue qui partage nombre de contributeurs et nombre d'analyses avec *VST*, publie ce dossier sur « les » managements associatifs. Parce que maintenant on ne dirige plus, ça fait trop vieux jeu, on manage, avec une grande variété dans les façons de faire.

C'est une histoire de nos institutions, des pères fondateurs aux directeurs généraux. Une histoire des engagements militants associatifs et individuels, des choix novateurs d'actions, et de l'arrivée des règles, lois, normes, codes, qui conduisent tout droit, si on leur laisse le volant, de la vraie direction à la simple (bonne) gestion.
Tout n'est cependant pas perdu, les contributeurs du dossier montrant des possibles toujours à l'œuvre et dont on peut s'emparer pour autant qu'on souhaite tenir.

Cliniques et migration

Les cahiers de Rhizome
n° 63, mars 2017

À lire en complément aux dossiers de *VST* « Les mineurs non accompagnés » (n° 130) et « Migration : le choc de l'arrivée » (n° 120).
En accès libre : http://www.ch-le-vinatier.fr/orspere-samdarra/rhizome/anciens-numeros/cahiers-de-rhizome-n63-cliniques-et-migrations-1409.html

Appel à publication dans VST

Les lecteurs de VST peuvent en devenir des auteurs en proposant des textes pour les rubriques permanentes et pour les dossiers en préparation.

VST publie des textes destinés à un lectorat averti constitué de professionnels et de militants du social, du médicosocial et de la psychiatrie. Ces textes sont des présentations de pratiques, des réflexions articulées aux pratiques, des réflexions de fond. Ils peuvent être explicatifs, descriptifs, théoriques, polémiques.

VST étant une des revues des CEMÉA, les textes publiés correspondent aux choix et aux engagements théoriques, sociaux, professionnels et politiques de ce mouvement : principe de service public, approches collectives et institutionnelles, promotion des pratiques de psychiatrie sociale et des approches psychodynamiques, relativisation des approches cognitivistes et comportementalistes.

Les textes envoyés à vst@cemea.asso.fr sont sans mise en page complexe (pas de marques de paragraphes, puces, retraits, interlignages variés, gras, italiques…).

Les indications bibliographiques sont limitées à quelques références facilement trouvables par les lecteurs. Les notes sont limitées à quelques lignes pour l'ensemble d'un texte.

La taille des textes est de 5 000 à 20 000 signes, espaces et notes compris.

Les textes reçus pourront donner lieu à des propositions de précisions, de modifications, de développement.

À paraître

n° 138, mai 2018. *Être éducateur aujourd'hui. Hommage à Jacques Ladsous*
Que devient le métier « d'éducateur », ce terme générique qui signifiait pour Jacques Ladsous l'accompagnement, le soutien, la proximité, l'engagement ? Il a peu à peu été morcelé en multiples fonctions et en divers niveaux de qualification. Certains d'entre eux, ceux qui sont « spécialisés », accèdent désormais à un grade universitaire et deviennent « coordonnateurs ». Éducateur rime maintenant davantage avec ordinateur qu'avec public, contact, partage. Et la relation dans tout cela ? Des jeunes, et des vieux, résistent, en s'accrochant à une conception humaniste du métier. Un dossier pour l'avenir.

n° 139, septembre 2018. *L'aide à domicile, à quel prix ?*
Le maintien à domicile a le vent en poupe. Peu coûteux, on dit qu'il a l'avantage de préserver les repères des personnes concernées. Et aussi, « les institutions d'accueil sont si mauvaises » ; et encore : « qui mieux qu'un parent ou qu'un enfant sait ce qui est bon pour son proche ? » L'idéologie, les représentations ne sont jamais loin de certaines de ces justifications bien peu objectives. Les aidants naturels, même allocataires d'une indemnité d'accompagnement, ne sont-ils pas pris au piège de l'enfermement ? Qu'en est-il de la précarisation et du plaisir au travail des intervenants qui se succèdent au lit de la personne comme à l'hôpital ? Et du statut d'employeur des bénéficiaires et des familles ? Dans ce numéro, des analyses et des témoignages pour que « rester à la maison » ne rime pas avec aliénation
Textes reçus pour avril 2018

n° 140, novembre 2018. *Ces groupes qui aident*
Des groupes sont constitués pour aider à aller mieux, voire pour soigner : groupes de parole, groupes d'autosupport, groupes thérapeutiques… D'autres groupes inquiètent : bandes adolescentes, sectes, microgroupes d'extrémistes politiques…
Si les individus ont besoin d'être entre pairs pour être reconnus, soutenus, étayés, certains groupes au contraire enferment, tournent à vide, manipulent, dévient de leur objectif, comme ces groupes thérapeutiques où plus rien ne se passe. Comment faire pour que le groupe libère ?
Textes reçus pour juin 2018

n° 141, février 2019. *Heureux au travail ?*

COMMANDEZ LES ANCIENS NUMÉROS DE VST

RETROUVEZ VST SUR INTERNET

www.cemea.asso.fr

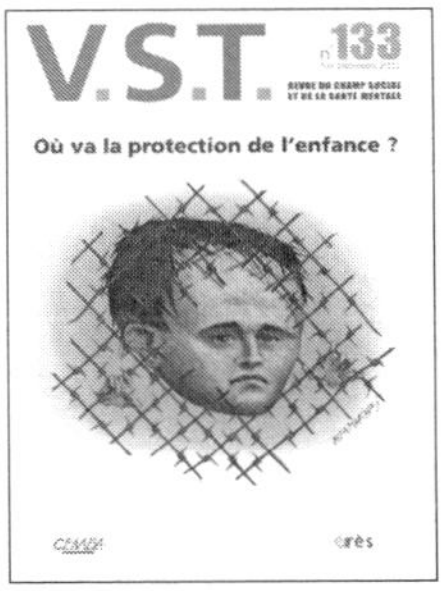

Votre revue en ligne

CAIRN

chercher : repérer : avancer

Retrouvez en ligne votre revue sur www.cairn.info, portail de revues en sciences humaines et sociales. Tous les numéros parus en texte intégral.

◆ **Abonné individuel**

Chaque abonné individuel à l'une des revues érès dispose d'un accès électronique gratuit à l'ensemle des numéros de cette revue diffusés sur le portail Cairn, au moyen d'un code qui lui est attribué à titre strictement personnel au moment de la souscription de son abonnement.

◆ **Bibliothèques, institutions, centres de documentation**

Des bouquets de revues thématiques ont été élaborés à l'attention des institutions, bibliothèques et centres de documentation afin de permettre à leurs usagers d'avoir accès en ligne aux revues érès et à d'autres publications de sciences humaines.

Pour en savoir plus, consultez le site www.cairn.info ou contactez Cairn, par e-mail : licences@cairn.info ou par tél. au +33 1 55 28 83 00.

À paraître

N° 138
Être éducateur aujoud'hui. Hommage à Jacques Ladsous

N° 139
Le maintien à domicile : à quel prix ?

N° 140
Ces groupes qui aident

N° 141
Heureux au travail ?

Déjà parus

N° 133
Où va la protection de l'enfance ?

N° 134
Les collectifs au secours du social

N° 135
Enfance handicapée : les limites de l'inclusion

N° 136
Création(s)

VST

Vous pouvez vous abonner en ligne (paiement sécurisé) sur www.editions.eres.com

ou à **CRM ART – Éditions érès**

CS 15245 - F-31152 Fenouillet Cedex - Tél : + 33 (0) 5 61 74 92 59 - Fax : + 33 (0) 5 17 47 52 67

commandes.eres@crm-art.fr

L'abonnement à *VST*

comporte quatre numéros par an

Prix de l'abonnement pour 1 an

France particuliers : 55 €   France organismes : 70 €

Autres pays : 75 €   Le numéro : 16 €

E0118

❑ Mme   ❑ M.   Prénom ....

Nom ....

Profession ....

Adresse ....

....

Code postal |_|_|_|_|_| Ville ....

Pays ....   Tél. |_|_|_|_|_|_|_|_|_|_|

e-mail ....

ABONNEMENT

❑ Je m'abonne à *VST* pour 1 an (4 nos) à partir du n° : |_|_|_|

❑ France particulier : 55 €   ❑ France organisme : 70 €   ❑ Autres pays : 75 €

Possibilité de régler (pour les abonnés particuliers France et Union européenne uniquement) par prélèvement trimestriel de 13,75 € (France) et 18,75 € (UE).

❑ Je souhaite régler par prélèvement et demande à recevoir les imprimés à remplir correspondants (ou téléchargez-les sur www.editions-eres.com)

COMMANDE

❑ Je commande le(s) numéro(s) de *VST* : |_|_|_| |_|_|_| |_|_|_|

Chaque numéro est au prix de 16 € à partir du n° 81 majoré des frais d'envoi

(3,20 € pour 1 ex., 4,10 € pour 2 ex., 5 € pour 3 ex. et plus)

et verse la somme de |_|_|_|,|_|_| €

❑ par chèque à l'ordre des Éditions érès

❑ par carte bancaire n° |_|_|_|_|_|_|_|_|_|_|_|_|_|_|_|_|

date de fin de validité |_|_|_|_|

et les 3 numéros figurant au verso |_|_|_|

❑ Je souhaite recevoir une facture administrative (règlement par mandat administratif accepté).

❑ Je souhaite recevoir gratuitement le catalogue des Éditions érès.

Date : .... / .... / ....   Signature :